U0004304

橫斷記

臺灣山林戰爭、帝國與影像

高俊宏 著

推薦語

清光緒年「開山撫番」之後,一個多世紀以來,台灣山區的原住民被迫必須面對來自外來者的各項挑戰,但是卻沒有主體的地位來梳理與詮釋自己所遭遇的境遇。高俊宏這本書結合了田野踏查、口述採訪、文獻,影像紀錄,而且以主客不斷游移易位的方式,敘述了台灣北部四個原住民地區與外來者遭逢的歷史。

——吳密察(國史館館長)

做為一個走在歷史道路上的工作者,我最不喜歡看不能很快得到答案、加油添醋的報導文學。但這本書具有考古學和考現學的味道,在文獻、圖像的襯托下,現出他要讓讀者心甘情願掉下去他所佈置的山林戰場,讀者不僅是觀察者,也可能將是個體驗者。我掉進去了,雖然我知道山林戰爭並沒有結束的一天。感謝作者幫我們踏查了大豹、眠腦、龜崙、大雪(山),更感謝的是他找到了「王清」這個悲劇人物,並踏查了他生前藏身之地,對白恐的研究,一個受難者的身影都不能放過。

——許雪姬(中研院臺灣史研究所所長)

本書是用血淚堆砌起來的慘痛歷史經驗,作者藉由辛苦的踏查與空間測量、史料的考證耙梳、自身生活經驗、及許多影片圖像,主張不論是日本帝國主義或是國民黨戒嚴威權體制,為了進行資本積累或是實現恐怖統治,皆不惜犧牲山區原住民族或社會弱勢,侵奪他們所擁有的生存資源。在國家的槍砲及武力脅迫底下,山區原住民族部落與人民因此被壓迫、殺害、甚且被滅族,他們原本賴以為生的土地與山林原野也皆被無情的搜刮與掠奪。這是一本非常優質的書籍,可以豐富我們的歷史視野,也讓我們反思國家暴力對於土地與人民所帶來的傷害。

——徐世榮(政大地政系教授,惜根台灣協會理事長)

先來與後到,原民與漢人、原民與日人,台人與日人。作者進入山林,長期走動與駐足,凝視現場,通過清明的心、洗鍊的文字,影像不因知識化

而意義薄弱，因有殖民與帝國記憶的貫穿。本書好看，值得捧讀品味；前輩楊南郡之後，作者書寫的台灣山岳、人與歷史，再次引人入勝。

——馮建三（523山友、政大新聞系教授）

一位曾以身體體驗為創作核心的藝術家的書寫，很難得地獲得金鼎獎的獎勵；這次他以橫斷記為題再度出發，每一個章節都是實地踏查及檔案發掘的成果。

——林志明（臺北教育大學藝術與造形設計學系教授）

作者以最緩慢方式，一步一步地在舊地圖和山野之間來回，去挖掘那些被時代刻意中斷或切割的，乃至於難以到達的政治地理。

——黃舒楣（臺大建築與城鄉研究所助理教授）

在山林地圖的空白處，有汩汩的血流動著。多重殖民的橫斷線背後，是未被書寫的反抗。記憶與空間紋理，在無轉型正義的政治治理下消失、荒蕪、異變、死亡，我們成了沒有故事的人。而高俊宏的山林踏查，何嘗不是走出一條轉型正義之路，其對死亡無可救藥的追索，正是故事開始的地方……於是歷史不再遙遠於他方，而是結晶、內在於自身。

——黃惠君（獨立策展人、台灣傷痕歷史研究者）

博物館如今做為展示典藏文物、肩負教育重任的機構，在成立之初的帝國主義時代，正是政權宣揚文明優越與資源支配能力的現代性展示場所。今日我們不能停止反省這段歷史，也不要忘記當年支持博物館充實館藏的殖產經濟體系，仍在這座島嶼留下產區、工廠、倉庫乃至抵抗遺跡所構成的豐厚系統性文化資產群。透過本書看見帝國、理解殖民，重新檢視臺灣擁有怎樣的文化資產，認識政府尚未完全履行承諾的原住民傳統領域劃設意義，思索島上人民何以至此及何去何從。

——凌宗魁（國立臺灣博物館規畫師）

《橫斷記》是一本思考者的山林探查紀錄，也是對臺灣歷史的深刻反省。

——涂豐恩（「故事：寫給所有人的歷史」創辦人）

目次

223 大雪

寫在出版之前

林志明（臺北教育大學藝設系教授）

　　「旅行即是擁有世界。」美國 Burton Holmes（1870-1953）曾被譽為二十世紀偉大旅行者，他認為經由旅行，可以更完整、更令人滿意地擁有世界，更甚於透過購買或征服。

　　Holmes 這樣的觀念在今天是受到挑戰的。他認為旅行者的擁有並不自私，他不會奪取任何事物，也不會有人因為他的旅行變得更窮困。今天的旅行研究談論「帝國之眼」，也就是說談旅行者如何以他們既有的意識型態來觀察和評價眼前事物；而觀光的盛行，也使人警覺於它的資源掠奪性——觀光客所需取用的資源，往往數倍於當地人士。

　　螳螂捕蟬，黃雀在後。觀看者在今天也是被觀看者。和遠足文化龍傑娣總編輯共同規畫「見聞・影像」書系，基本的信念既不在推動旅行文學，也不在提供臥遊觀覽的樂趣。雖然並不排除以上的文類和可能效果，但書系提供更多的是史料、文獻、考察和發現。

書系首先著重的一個特點是個人親身的踏查和經歷，雖然在實際的情況中，一位認真的旅行者總是閱讀著其他人的書寫或是歷史上累積下來的資料。而且，它們大多具有壯遊或踏查性質，而不是一般性質的旅遊。這種親歷現場的特質，使得書系中的作品，往往是具有和大歷史對抗意味的「小歷史」或是個人歷史。

　　書系的另一個特點是我們會偏好出版富於影像的書籍。這是因為，如果親歷現場者寫出了他們的小歷史，影像又是另一種不同的記載和表達媒材。我們相信，它們不只是文字的插圖，而是自有其意義深度的事物。基於這樣的信念，書系中甚至希望多包括具有拍攝目的旅行、物件收集和地誌探查。

　　比如作為系列第一本出版作品的歐文・魯特《1921穿越福爾摩沙》，作者為英國皇家地理學會及皇家人類學會會員，並曾具有軍人、殖民地官員、學者和作家等多種身分，也曾在南洋地區長期居住和經營農園。魯特曾在1921年4月3日到11日之間訪問臺灣，他由高雄上岸，一路北上經臺中、臺北由基隆搭船前往日本。在臺灣，這部著作過去只有翻印的英文版通行，《1921穿越福爾摩沙》是首度翻譯的中文版。他對於當時已受日本殖民經營二十五年以上的臺灣所做觀察和評論，帶有一老牌歐洲殖民帝國觀看一新興殖民帝國之經營櫥窗的意味，在近百年後的今天讀來反而像是一被觀察的觀察者。由他著作中，也可看到他如何引用過去許多與臺灣相關的英文著作及由荷、日文譯為英文的資料和書籍。魯特這本著作配圖不多，但其中仍有不少具有歷史興味之處：比如在訪問臺南時書中配有鹽田製鹽的照片，是臺灣產業史中的一頁，而同一頁留下的「雙體船」影像，則和1871年蘇格蘭攝影家約翰・湯姆生來臺所乘坐藉以靠岸的型制一樣，前後五十年並未改變。魯特來臺參訪時間不長，

但對日本殖民中期的原住民（理蕃）政策，或是對漢人政治地位訴求問題皆提出不同於日本統治者的見解，作為個人踏察及見聞的小歷史，已足供後世參考。

　　書系預計出版的第二部著作是臺灣當代藝術家高俊宏的《橫斷記：臺灣山林戰爭、帝國與影像》。高俊宏來自視覺藝術創作背景，2017年甫自臺南藝術大學藝術創作理論研究所取得博士學位。他的作品以錄像、身體實踐與書寫為媒介，主要關注歷史與生命政治、社群與諸眾、冷戰與東亞和新自由主義在臺灣等議題。2013年他開始展出「廢墟影像晶體計畫」，是透過身體勞動進行歷史踏查，投射出新自由主義在臺灣的相關議題。高俊宏2015年完成「群島藝術三面鏡」套書《小說》、《諸眾》、《陀螺》榮獲文化部金鼎獎獎勵，是臺灣當代藝術家展開大量書寫及運用出版的傑出範例。在《橫斷記》這本書中，他以進入田野及實地踏查為方法，越「大豹」、「眠腦」、「龜崙」、「大雪」四個山區，探尋泰雅原住民大豹社與日本殖民政府隘勇線的淹沒歷史、宜蘭眠腦山區（舊太平山）日本時期建立的檜木砍伐及森林鐵路運輸系統、樹林區旁古「龜崙嶺」白色恐怖受難者躲藏山區但最後遭捕殺的故事、及臺中東勢大雪山美式林場背後的龐大系統。這些往往不為大歷史所記載的小歷史，其所承載的意識型態詮釋潛質，高俊宏以口述回憶、文獻檔案、影像紀錄加上實地踏查，一層一層地將其辯證性地揭開。

　　「見聞・影像」這個書系出版規劃雖以臺灣為主，但並不侷限於此，未來計劃出版的還有與海南島和滿洲國等主題相關的書籍。在邀請大家期待的同時，也歡迎相關提案。

行走於帝國的棄路

黃舒楣（臺大建築與城鄉研究所助理教授）

想來是因為北門附近的三井物產倉庫保存爭議，我才有機會注意到作者高俊宏近年的研究。原來是沿著我曾經熟悉的通學鐵道展開，往山行，在歷史檔案和荒蕪現實中來回描繪藏於地理的帝國前緣推進。今年五月在異鄉巧遇，加州清冷的夜裡，自然地從三井談起，我才明白，原來有關三井和大豹社只是他進行中這本踏查筆記的一章，在高速移動、Google earth 讓全球網民感覺無所不可企及的年代，作者以最緩慢方式，一步一步地在舊地圖和山野之間來回，挖掘那些被時代刻意中斷或切割的，乃至於難以到達的政治地理。

如果不明就裡，一般人或許會納悶倉庫有什麼特別值得討論，三井不是林口那新潮的 outlet 嗎？那是國際時尚的集散地，同歷史的距離似乎再遙遠不過。如今搭乘機場捷運優雅經過或抵達三井 Outlet 的人，恐怕不會知道三井物產曾經是影響帝國發展至深的財閥。在臺灣的拓殖遍佈山野，而且山野並不是空白無人的「自然資源」，

大豹溪宛如原民社群世代滿身傷痕，今日卻成為歷史地理的缺口。因為這個缺口如此巨大，又長期存在著宛如自然，島嶼上人從來不會認真思考：今日舊城中，之所以能有建築形式優美的會社建築，面迎著臺灣博物館共構市現代性之優雅，其實是經過了多少激烈的戰爭與資源搶奪，拓殖者將其矮化為非人他者的家鄉轉化成資源輸出地？城鄉之間的區分是這樣地深刻建立，才能持續遂行資本主義擴張所需的地理差異，而文明之成為全國國民必須追求，由鄉支持城的輸送才能源源不絕的流動。高的《橫斷記》書寫穿越在二戰前後，看似野心過大，卻意外地提醒了讀者這個現實：殖民者離開後也沒停工的煤礦開採、茶園墾殖、林木砍伐等，其實都不曾為瓦信或他的大豹社族人或任何森林社會中的生靈停下來過，即使政權旗幟更迭。於是，以資源攫取的角度來看，此書寫及的大雪山林場在美援下高速開伐，不論是成為五十萬套課桌椅供應中小學輸送標準化的國民教育，還是商品化木材生產外銷，持續對日本輸出檜木，成為許多神社鳥居所用，其實砍伐並未停下。此書文字所記述的每一刀，讀來都砍在同一個島嶼上，從來都累積著，卻總是被斷代、權數管理單位、行政區劃調整，切割了新舊命名之間的千絲萬縷。

地景如記憶系統，如高所言，宛如立體的歷史文獻，只是文明城市所鼓勵的交通建設，並不需要生產線上的每一位去回訪這些幽微路徑，於是我高中通勤時天天經過的山佳和樹林，對多數來往與桃竹與臺北的學子來說，從來只是窗外風景，我從未想過樹林可能是不少人的「家鄉」，包括作者，也未想過看似平淡的地名「樹林」背後是樹林平原和龜崙之間的激烈戰事地景。

這些書寫，為日本人治理臺灣的理論矛盾補上了活脫脫出入血肉的地理鬥爭。十九世紀末，當臺灣被納入了日本天皇領下的帝國

範疇，卻又不屬於憲法施行全數適用的國土，那號稱為律令而非法律的「六三法」之一再延長，讓日本得以面對歐美人士誇讚其治理臺灣之文明成就，面對國內政治質疑又適當地縱容了總督府的管制權力坐大，同時又排除臺灣於「文明」之外：為了能全面拓殖臺灣，樟腦與鴉片專賣制度的實施，事實上又必須建立在臺灣不屬於日本法制之內的前提才能實現，尤其在山地採收樟腦時武力鎮壓原住民，即完全排除原住民於日本人身分的法律保障之外，由非法律但具備法律效力的特殊制度去支持警察機構不把原住民看待為人，也就是作者所書寫引述的，殖民者詮釋蕃人不具備人格，於是當時臺灣總督府參事官持地六三郎主張：「只見蕃地而不見蕃人」。高沒有直接寫出的是，不只是原住民在當時被法律定義為不具人格，事實上，當時總督府面對臺灣，就是以具有法律效力又不算是完備法制產物的律令來治理整個島嶼。

尤其在後藤新平治理之下，矛盾更加充分顯現，他在法治方面將臺灣排除於「文明」之外，同時又熱心地引入物質「文明」，援引德國的社會政策學理，將國家營運視為一生理學行動，在後藤看重警察機構的治理之下，不僅限於治安維持之警察任務，更包括全盤的行政、衛生及勞務管理等社會整體治療及預防措施。日本社會學家小熊英二（2011）考察歷史文件指出了當時的日本國境界治理概念之矛盾，高俊宏的踏查則拾起了迄今仍殘存在棄路或老人腦摺中殘影之痛苦矛盾經驗片段，過去還沒有過去。一面讀讓人想著：來得及嗎？是不是還需要更多不怕幽靈來尋的步伐，去補白那些我們以為自然而然存在的地形缺口？

1960年代的女性主義者動情宣告著，私人的事物就是公共的（The personal is political），要挑戰性別階序下的公私分明，去鬆動

一切「自然而然」背後的社會結構收生產。借用這句話，我想這本書給讀者的言外之意或許是：私人的記憶也就是公共的記憶，最私密的路徑也可能是最需要納入公共視野的。本書中處處有作者寫入了零碎的家庭紀事，而他凝視中的父親與母親並不是島嶼上最喜愛的名人或模範夫妻，他們平凡而微小甚至難以理喻其人生行路抉擇，正是這般私密記憶喃喃細語（儘管有時突然地中斷了政治地理的考察），似乎提醒著讀者，每一條再幽微不可察覺的路徑都有其意義，曾為生命實踐，路徑來回才累積為領域，如果領域能夠被高高在上的制度劃設，那也該是為了每一個正在找路或棄路的生命，由最私密角落去尋找，才有可能克服種種被中斷、被切割、被移置乃至於無法辨識的集體錯亂與遺忘，還以為自然而然。而在不同路徑上所謂的「古蹟」，如高所言，或可進一步思考為「一種構成我們自己當下的生命文獻，試著將它的抽象組成的力量——知識、科學、帝國意識給解析出來。這個時候，檔案才有可能超越單薄的紙本，在空間上產生連動……」，於是路徑因重新被理解而有了新意義，行路上自願或被迫移動的每一位，才有與過去和解之可能。

參考資料

小熊英二，《日本人的國境界：從沖繩、愛奴、臺灣、朝鮮的殖民地統治到回歸運動》（上卷），黃阿有等譯，嘉義：嘉義大學人文藝術學院臺灣文化研究中心，2011。

自序

　　但是，他唯有踏入山中，才能以一種不同的心智來確認自己；很頑強地土生土長，並延伸到更廣大的共同潮流。在那裡，觸摸和寬闊取代了紀錄與分析；不是敘事的歷史，而是生活的故事。[1]

　　　　　　　　　　　　　　　　　　　　——雷曼德‧威廉斯

　　「橫斷」一詞，對山林萬物來說，極具輕蔑意味。該詞取自日本總督府林務科長賀田直治在大正三年所寫的《臺灣中央山脈橫斷記》。書中對臺灣的高山林相及「蕃人」有諸多觀察。賀田在中央山脈旅行期間，正是日本理蕃戰爭中最殘酷的太魯閣戰役進行之時，書中赤裸裸地呈現出戰爭者與科學觀察者之間的關係。因此，本書擷取「橫斷」作為書名的一部分，一方面是反諷的措辭；另一方面，也作為自己面對臺灣山野的議題時，應該有的警惕。

　　大學時，友人Ｇ曾經對我講了電影《猜火車》裡的這段話：「接近大自然對我們來說，實在太不自然了。」好像自然沒什麼好說的，太過生態又健康，除非透過文學、歷史、藝術、人類學等「人文科學」予以加工，才能彰顯出它的特定意義。從這個角度來說，山與自然

仍緊箍在人類的知識經濟峽谷裡。如今，山對當代人的意義，更被壓縮到僅剩下兩個面向可言。

首先是「無意義」──山對我們沒有什麼意義可言，就是這堆綠綠和那堆綠綠的東西。當代人，最多以觀光休閒之眼來概括山，或者將山當作垃圾場、宗教團體放生毒蛇的「淨土」。從另一個面向而言，山卻又負載了超量的意義，有著深而繁複的空間紋理，一如自然。

《黑山居民》一書的作者雷曼德‧威廉斯（Raymond Williams）認為，「自然」也許是語言裡最複雜的字。其中一個原因是，在人類歷來的勞動關係裡，始終無法排除人與自然的互動，人類社會因此可說是包覆在自然世界底下的一種生態群落罷了。作為英國新左派的學者，威廉斯的自然唯物史觀點，頗予人啟發，促使我嘗試藉由山野來考察現代國家與社會如何操控山野的物質，甚至發展出一套抽象的知識概念。

山林的歷史確實很適合用唯物史觀來理解。從這本書的寫作與調查過程中，我可以確認，臺灣的山林不僅尚未走出日本帝國主義乃至於國民黨戒嚴體制的架構，甚至以不同的形式延續著上述兩者的規格。國家化的山林開發存在著許多問題，除了外在的狂砍濫植（過去林務局的錯誤造林政策），就心理層次而言，最大的特點還在於培養出今天每個人的「卸責」心態──我們太把對自然的關注，交給不見得能夠信任的國家體制。於是，就像臺灣與海洋一樣，如果要探究臺灣人與山之間，為什麼會有那麼遙遠的距離、為什麼那麼陌生，就不得不考慮臺灣特殊的歷史結構，以及不同的政治載體，對山林的控制技術。

本書分為四個篇章，分別代表了臺灣四個不同區域的山區。第

一篇名為「大豹」，指過去居住在三峽大豹溪流域的泰雅族大豹社。大豹溪與我孩童時的回憶緊緊相扣，在溪流附近的山野獨自攀登多年之後，我才逐漸理解到，大豹社消失在這片山野的來龍去脈，也才知道在「理蕃」政策下，日本如何透過相對高科技的「隘勇線」與現代化的戰爭技術，切割、殲滅山林裡的大豹社，隨後引進「三井合名會社」進行標準的資本主義式的經營。事件過後，大豹社遺族如何遭到與「霧社事件」後的賽德克族人一樣的命運——被流放到桃園縣復興鄉的溪口臺，一個孤立的臺地，度過餘生。以及因戰敗而被當成人質的頭目兒子樂信·瓦旦（Losing Watan），又經歷著如何曲折的一生，最後命喪國民黨警總槍下。

第二篇「眠腦」，是宜蘭眠腦山區（舊太平山）的山林踏查。日本殖民初期，透過埤亞南越嶺警備道的開通，征服了難纏的馬諾源社（Manauyan），壓制了以凶悍著稱的泰雅族溪頭群（Mnibu'）。1917年，總督府的營林所開始進入這塊泰雅的傳統領域，在加羅山到神代山一帶砍伐檜木，建立了龐大的山林聚落與森林鐵路運輸系統。1937年以後，原始森林砍伐殆盡，日本將伐木重心轉往萬石山區，也就是現今的太平山森林遊樂區。今天，眠腦一帶的伐木聚落、神社以及林道，依然像黑夜裡的星座一般，隱匿在臺七甲線東側數公里內的森林裡。

第三篇「龜崙」，描述我自己居住的新北市樹林區旁邊，古稱「龜崙嶺」（現為大棟山、大同山）一帶的山區。關於記憶中那條貫穿「龜崙嶺」的東和街、寧靜僻遠的橫坑聚落、一段對於1895年日本攻臺期間的〈橫坑仔庄附近之戰鬥圖〉的踏查，以及曾躲在山區長達四年的白色恐怖受難者王清的事蹟。

第四篇「大雪」，則是回到已故的父親那片位於大雪山腳下的

檳榔園。整個青年時期的叛逆階段，我與大雪山都有一種若即若離的關係。後來才知道，大雪山林場與韓戰不但存在著間接關連，更是美援時期所催生的臺灣第一個「美式」林場。而父親那片苦心經營卻不怎麼成功的檳榔園，在他過世前賣給臺中一位成功企業家，如今已改建為環保綠化的心靈精舍園區。

上述四座山，彼此之間沒有固著的關聯。如果要說有的話，首先是國家霸權式的山林開發，橫亙於各個森林之間，這也是馬克思・韋伯所謂國家的「暴力獨佔」的顯現。在臺灣的山野，也可看到國家如何建立起納貢體系，並透過貨幣與契約關係，形成新的奴隸制度。臺灣的山地在不同時期，已然推行著不同模式的納貢體系，從物質到精神層面。例如：清帝國時期要求原住民族繳納「蕃餉」，日治時期三井向農民徵收的「贌耕費」（佃費），或者太平洋戰爭時期徵調原住民加入高砂義勇隊———一種靈魂的強迫納貢。

每次在山裡看到這些歷史，特別是面對原住民傳統領域的問題，我都會想起十九世紀作家亨利・梭羅的「公民不服從」運動。他因為拒絕繳納投票稅而被丟到牢裡。他說，與美國這樣容許奴隸制的國家交往是「有辱人格」的事。

因此，本書更像一本關於山林帝國的空間之書，所針對的是一種延續到今日的生命歷史結構，例如：三峽大豹社的傳統領域，在日本「隘勇線前進」的武力佔領後，立即轉交「三井合名會社」進行科學化經營；戰後再度轉移給國民黨「公營」的臺灣農林公司。直到今天，這片土地一直維持著模糊的私有化狀態。而昔日率領大豹群抵抗日軍的總頭目瓦旦・燮促（Watan Syat），雖然早在明治三十年就參加了「全島蕃人觀光」團，看到橫濱港的軍艦有著能夠塞進山豬的巨大砲管；他知道，要抗拒日本人的入侵是不可能的，但

是大豹社依然在他的率領下經歷了七年多的抵抗。這些過程，都是在「贏者的歷史」裡，完全被「無視」的。

最後，本書的敘事及時間排序，並不欲重蹈傳統歷史觀的編年方式，而是試著從空間的跳接，藉以反思時間霸權所支配的歷史。因此，這應該是一部空間生產的書——至少就寫作的方法而言——不斷地走山、露營、訪問、回憶、查資料，再走山、露營……。

海登・懷特認為，在古典時期的知識型（éphémère）裡面，沒有時間的確切位置，[2]暗示著知識生產與空間生產之間的關係，可能更密切。安德烈・紀德也說：「我的記憶在空間上很少有錯誤，但時間卻經常混淆。」[3]換句話說，空間確實可以視為是時間的本體。

這本書歷經多次重裝入山探勘，以及輕裝走踏，除了採訪當事人之外，也爬梳了許多文獻、影像以及個人的記憶。特別是影像，由於書中許多歷史追溯，必須透過日本時期的檔案，特別是帶有官方觀點的寫真帖；因此，我也從對比的角度，放入具有個人性的照片，並且做一定程度的辯證——希望在影像的國家敘事與個人敘事之間，形成辯證。

總之，本書跨足了山野、影像、日本殖民史等，對一位當代藝術創作者而言，這樣的跨距寫作既是自我解離，也是一件冒險的工作。書中若有錯誤，誠摯希望各界先進提出指導。

感謝傅琪貽老師、高金素梅委員與陳智萱先生提供珍貴的原住民史料，鄭至翔先生、王阿貴女士、何阿允女士協助帶領龜崙山區的探勘，以及南山村高日昌先生的招待與講解。文中對於原住民有時使用「蕃人」一詞，是因為在歷史研究的語意與脈絡之中，並無不敬之意。

註釋

1. 雷曼德・威廉斯（Raymond Williams），《黑山居民》（*People of the Blaek Mounfains*）。引自大衛・哈維（David Harvey），《資本的空間：批判地理學芻論》，王志弘、王玥民譯，臺北：群學，2010，頁241。
2. 愛德華・索雅（Edward Soja），《第三空間：航向洛杉磯以及其他真實與想像地方的旅程》，王志弘、張華蓀、王玥民譯，台北：桂冠，2004，頁176。
3. 安德烈・紀德（André Gide），《如果麥子不死》，孟祥森譯，臺北：志文，1993，頁28。

大豹

林昭明（Watan Taya，瓦旦・達亞）攝於角板山

白石按山 1905

　　大豹社（ncaq）的意思，是指「生長很多鬼芒草（菅芒）的地方」，也因大豹溪河床上有一巨石形如大豹而命名。漢人則以該地曾經的居住者為「大豹」（topa）而取名。[1]

　　大豹社，是消失於今日三峽大豹溪流域的一支泰雅族。過去我雖略知他們曾居住在這一帶，卻不明瞭這之間發生了什麼事，他們為什麼離開大豹溪，而現況又是如何？直到一次機緣，協同研究大豹社事件的傅琪貽教授（藤井志津枝）一起前往復興鄉角板山，探訪大豹社總頭目瓦旦·燮促的後代，現年八十多歲的林昭明（Watan Taya，瓦旦·達亞），才逐漸打開對這段未明歷史的探索之路。

　　林昭明家族命運多舛。除了祖父輩瓦旦·燮促率領大豹社對抗日本軍警多年、終告失敗抑鬱而終之外，父執輩樂信·瓦旦（Losing Watan，漢名林瑞昌）也因為大豹社戰敗，兒時就被當成人質交給日方，戰後成為著名的原住民菁英，1954年因捲入「高山族匪諜案」被國民黨槍決。林昭明自己則因就讀建國中學期間，參與組建「臺灣蓬萊民族自救鬥爭青年同盟」、鼓勵部落青年閱讀社會主義的書籍，而遭到刑求並被打入監獄十五年。

那天，初次握到林昭明溫熱的手，他的皮膚白皙，似乎是長期關在屋內所造成的，多年坐牢的陰影，似乎仍鑲嵌在他臉上皺紋的深處。從那時候起，我知道，注定要面對陌生的大豹社事件了——他們如何受到日本「隘勇線前進」策略的逼迫，如何在多條武裝封鎖線的鯨吞蠶食下節節敗退，最後退出大豹溪流域，「集團移住」到地勢孤絕的「溪口臺」，與其他懷有敵意的泰雅部落為鄰。在多年的戰事與流放遷徙之後，原本的一千多位族人，如今僅剩二十餘戶，散居在角板山、繼志等部落……。這些原本與我無關的歷史，忽然間成為肩上的功課了。

去白雞彼日

遇見林昭明之前，冥冥中似乎早有一股力量牽引自己走向大豹社。小時候，父親總會開一部破爛的黃色二手車，載全家人前往大豹溪玩水。有一天戲水後返家途中，父親將車子停在一間雜貨店前買香菸，我也跟著下車蹓躂。店門前昏黃的路燈吸引了各式各樣的蛾類。蟲兒飛行的路徑就像畫壞了的原子結構線，不斷撞向厚厚的玻璃燈罩，發出扣扣的聲響。看著蛾蟲狀似自殺的行為，我忽然湧現一個奇特念頭：「為什麼這一帶山區沒有原住民？」如今回想起來，可能就是因為這段三十年前的懸念，慢慢驅使自己與大豹社結下不解之緣。

成年以後，帶著一把草刀和一只背包走過三峽郊山，除了常遇到過去「三井合名會社」的茶場與其他礦場遺址，也發現愈來愈多關於大豹社的訊息。就這樣，我開始想要解開孩童時期那個昏黃燈下的困惑。

最初，在查找資料的過程中引起我注意的，是一張1906年9月18日刊登於《臺灣日日新報》的〈隘勇線前進圖〉。這條隘勇線以ㄇ字形包住大豹社的傳統領域——從新店的獅子頭山開始，順著楠仔橋、松腳湖、大寮地、四城崙，一直到三峽的白沙鴿（白雞），然後爬上雞罩山系，接往福元山、白石按山以及鹿窟尖，最後才從烏才頭隘勇分遣所下山。

　　2015年，我在籌劃「群島藝術三面鏡」的新書講座時，其中一場便按照那張「隘勇線前進圖」，回到其中的白石按山，以及海拔643公尺的鹿窟尖，探訪至今尚存的隘勇線殘垣。

　　那是一個濕冷的中秋節，我帶著十餘位參與者來到三峽白雞宮，準備從廟後方的登山口上山。白雞宮是這一帶郊區的宗教信仰重心，廟前兜售一條根、牛奶埔的山產店、香氣撲鼻的滷豆干攤販，以及古樸寺院中，捻香祈拜的虔誠信徒……。這些優雅的畫面，相信是許多土城、鶯歌、三峽和樹林人成長的記憶之一。聖殿裡的關聖帝君，想必也傾聽過無數信徒的苦難故事。後來我才知道，宮廟的創始人黃叢與海山煤礦及國民黨的淵源，這些事情，讓人覺得活在一個詭異的謊言裡。

　　我想起陳雨航的〈去白雞彼日〉，收錄於爾雅出版的《63年短篇小說選》裡，那位嘴裡不斷嚷著「騙笑、騙笑」名叫文華的小孩，他是這麼說白雞宮的：

　　那個行脩宮（按：白雞宮）到底有多大？最重要的是關聖帝君那把大關刀，嗯，還有，為什麼叫白雞，大概是那裡有許多白色的雞吧！關公和白雞有什麼關係呢？是不是因為關公呼呼地揮起大關刀把一群群白色的雞殺得到處都是？如果真是這樣子，那麼一定弄

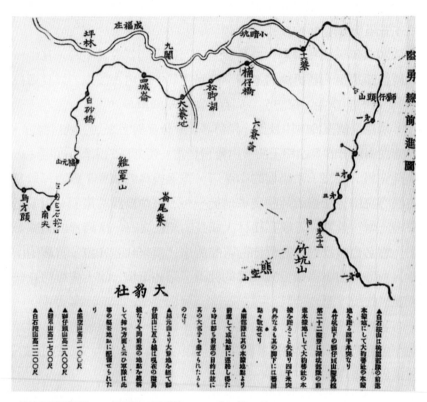

〈隘勇線前進圖〉，《臺灣日日新報》，1906年9月18日

得整個天空和地上都是白色的羽毛紛紛飛舞了……

雖然〈去白雞彼日〉裡的白雞宮只是背景，全文多半聚焦在文華那位賣菜的單親母親、一直想要跟母親結婚的回春堂接骨師羅假仙、只會出一張嘴的劉婆子、有錢同學郭三仔……，以及認為「這個世界都像一場騙笑」的文華身上。故事場景鑲嵌於1970年代的社會發展下，一位平凡孩童的內心衝突。

多年以後，我們穿越了〈去白雞彼日〉裡，文華夢想中賣著美味口香糖、汽水與西點麵包的白雞宮，穿過小說與騙笑的謊言，前往大豹社事件戰爭回音猶存的山野。一行人在跨過一座野溪鐵橋後，順著昔日的裕峰煤礦輕軌鐵路上行，經過被焚毀的礦場事務所，最後再上切二百公尺陡峭山路，穿越冰河時期孑遺的雙葉蕨（破傘蕨）、繁刺擾人而有著「森林邊緣殺手」之稱的山蕨叢，約莫二個小時的顛簸後，始至目的地鹿窟尖。

在這個日本砲擊大豹社的制高點上，我與參與者輪流朗誦樂信・瓦旦於1947年撰寫的《臺北縣海山區三峽鎮大豹社原社復歸陳請書》。據說，當時他將這封「歸鄉」的書信遞交給國民黨政府，卻成為他日後遭到槍決的主因。我相信那天瓦旦的靈魂正在周遭看著我們。

後來我才發現，原來鹿窟尖那座斷土殘垣般的隘寮，只不過是1906年貫穿崙尾寮、雞罩山與鹿窟尖的「雞罩山—崙尾寮隘勇線」其中的一個點。根據統計，為了分割、圍堵並殲滅大豹社，日本在新北市與桃園交界處的崇山峻嶺中，前後開闢了好幾條隘勇線，總長度達到上百公里。

白石按山1905

鹿窟尖（南尖）上的隘寮殘垣

上：隘勇日復一日佇立於寮外，眺望無涯無際的蕃山。（《討蕃記念寫真帖》，1913，宜蘭縣史館提供）

下：隘勇線前進與討蕃的遺跡（《台灣生蕃種族寫真帖》，1912，宜蘭縣史館提供）

白石按山1905

白石按山

實際走在這些隘勇線上，總會令人揣想，當初日本軍警、漢人隘丁是怎麼構築出這些山地的軍事線？興築隘勇線的危險工作，當然是由低下階級的漢人擔當，除了少數日本人之外，漢人隘丁往往也擔任各個隘寮第一線的巡守工作。

鄭安睎的博士論文《日治時期蕃地隘勇線的推進與變遷（1895-1920）》裡，引述了一段關於隘勇日常生活的節錄，可供想像當時的生活：

隘勇平時若沒有事情時，事實上是非常安閒與逸樂，生活起居在山區，防備的隘寮設置於山頂，儼然為四、五間（約7.2公尺—9公尺）方正之小城廓，方便隘勇的日常起臥，而且有三、四名同伴，佇立於寮外，眺望無涯無際的蕃山，日復一日。隘勇鮮少有40歲以上之老夫，大概都是17、18歲到30歲之間、身體強健之年輕人，身穿灰色的洋服，頭戴著帽子形狀類似鐵道驛夫之類，前面鑲有徽章，貼以「隘勇」二字，腳上有腳絆（綁腿），行走起來輕快，肩上扛有「スナイトル」（Snider）火銃。三餐在寮內炊煮，整理自己的銃器，心繫外面的警柝，並無特別的事情。

構造複雜的隘勇線，堪稱當時高科技工程之匯聚。除了要在制高點與要衝地帶構築隘寮以外，另外也需選擇適當地點設置「副防禦」系統，如掩堡、鐵絲網、高壓電線與地雷等，至於電話線等設施更不在話下。相關的作業規範在臺灣總督府的《蕃地作業軌範》有系統性的描述。這些複雜的隘勇線工構，隨著後續「蕃情」的穩

上：《蕃地作業軌範》之電話架設作業，下：隘勇線構築作業（遠藤寬哉，《討伐軍隊記念》，1913，臺灣圖書館提供）

白石按山1905

定，逐漸改為常備形式的理蕃道以及警備道，昔日隘勇線上的隘勇監督所、分遣所與隘寮，也改建為更堅固的警察駐在所。而過去日殖時期地圖上的空白之域，也從隘勇線時期被劃為「警察地」之後，逐漸轉向「平地」的治理模式。

那次鹿窟尖之行後，因目睹了數量龐大、結構尚稱完整的隘勇線遺址，我開始積極尋找解答，鹿窟尖曾經發生過什麼事？以及「雞罩山─崙尾寮隘勇線」與大豹社之間的關聯；也才進一步理解，那短短一小段隘勇線，決定了一個族群的興亡。其中，最關鍵的就是白石按山的爭奪。

大豹社的傳統領域在清帝國時期，已經修築了一條橫越今日新店到三峽山腳邊的隘勇線，用來區隔漢人與原住民。日本領臺以後，為了龐大的樟腦利益，總督府決定對大豹社展開討伐，「雞罩山─崙尾寮隘勇線」就在這個時期修建。《三峽鎮志》中記載了該段隘勇線的形成過程：

明治三十八年（1905），設加久嶺熊空山、大豹山防「蕃」橫斷線。四月，由福元山至烏才頭方面隘勇線前進。六月中，大豹社住民久為封鎖，生活困甚；請降乞交換物品，日人允之；乃派腦夫二百餘人入山採腦，並乘機推進由上瓦厝埔經烏才頭之白石鞍山[2]、打鐵坑至白沙鵠之隘勇線（按：即為「雞罩山─崙尾寮隘勇線」）；住民大恐，乃復事反抗。七月二十五日，猝攻隘寮，死日警、腦丁多人；而腦具設施亦悉予焚燬，八月三日，日軍增援，佔領白石鞍山，可俯瞰蕃社，由四圍剿襲，山地住民不敵。八月十五日，日人遂完成其隘勇線，延長約六公里；沿線遍埋地雷，阻絕交通。

這場關鍵性的隘勇線擴張衝突裡,瓦旦·燮促率領族人反覆撲殺日方,幾番爭奪後,日方終於強佔稜線,並在鹿窟尖以及相鄰的白石按山一帶架設砲台,位於數公里外的大豹社聚落(今日的插角村),完全暴露在山砲的射程內。[3]

白石按山爭奪戰之後,總督兒玉源太郎向日本內地拍發的電報寫道:「經日方砲轟大豹社後蕃人逐漸退卻,終究完成隘勇線的擴張,於本日解散增遣隊」[4]。此外,在《臺灣總督府公文類纂》收錄的資料裡,有一份明治三十八年的〈獎賞賀來倉太等十七人討伐桃園轄內蕃人案〉公文,從文中對於三位警察的褒獎,可以一窺白石按山戰鬥的細節:

一、警部村田百合藏獎賞部分:尤以7月15、16、17日無數生蕃包圍分遣所(烏才頭),企圖斷絕該所與二坪隘寮之聯繫。雖嘗試猛烈襲擊,但皆予以擊退。……佔白石按山(7月22日)後,再與生蕃交戰,遂急告隘寮據守之。

二、警部福元伊之助獎賞部分:起初該員跟隨神田支廳長據守二坪隘寮,7月15、16、17日該寮遭敵彈射擊,該員依舊冒險指揮部下進行戰鬥。7月21日該員配屬於第一部隊指揮官井坂警部,從事佔領白石按山北尖任務,雖與蕃人相衝突而不屈服,進而佔領鹿窟尖,又進而佔領雞罩山北西方之無名高地(按:可能是今日的白雞山頭)。

三、警部井坂仁太郎獎賞部分:該員於7月20日由大料崁支廳來援……自烏才頭連過山脈,佔領白石按北尖,與第二部隊互相聯繫。又於7月28日擔任第一部隊指揮官,前進至鹿窟尖隘寮,接著開鑿至白砂鵠之隘路並建設隘寮。

白石按山 1905

〈獎賞賀來倉太等十七人討伐桃園轄內蕃人案〉的公文裡也描述了日警巡查阿部周治因為協同的漢人不敢上山參戰,「遂親自身扛砲身,攀爬白石按山,於佔領後一小時開始砲擊,致使蕃人大為退卻」,成為日方在白石按山砲轟大豹社的正式書面紀錄。翌年,為了徹底消滅大豹社,總督府責成深坑廳及桃園廳組成兩支隘勇前進隊,動員高達1,454名軍警,以東西兩面夾擊的方式,經歷五天五夜,激戰十餘次,終於達到了「大豹滅社」之目的,並沿著大豹溪河岸興築了「加九嶺—熊空—大豹隘勇線」,以取代前述的「雞罩山—崙尾寮隘勇線」。這條新的隘勇線大約順著今日的「湊合—插角—有木」的北一一四線區道。

　　經此一役,大豹社遭連根拔起,瓦旦‧燮促率領社眾遠離家鄉,向南撤往桃園的東眼山麓。1907年,日軍為打通從林望眼(今日的烏來福山村)橫貫北插天山,再下到角板山、阿姆坪的「臺北—桃園縱貫隘勇線」的偉大工程,再度動用更多部隊追殺,發動了插天山以及更為激烈的枕頭山之役。瓦旦‧燮促再度被擊敗,失去泰雅族大嵙崁前山群「攻守同盟」(qutuxphban)的領導地位,[5]大豹社從此流離於桃園山區,族群也因此土崩瓦解。

　　整體來看,日方動員了難以計數的人力,以長達八年的時間,分階段、分區域開鑿了多條用來包圍與殲滅大豹社的隘勇線:1903年建造「獅子頭山—平廣坑隘勇線」,1904到1905年繼續推進「雞罩山—尾崙寮隘勇線」,1906年完成「加九嶺—熊空—大豹隘勇線」,1907年更完成「水流東—合流隘勇線」、「臺北—桃園橫貫隘勇線」[6]。小小一塊三峽郊山,被切割得體無完膚。而在大豹社撤出傳統領域後,三井合名會社隨之進駐,大肆砍伐樟樹製腦。可以說,樟腦的利益才是理蕃戰爭的核心。特別是同時期爆發的日俄戰

爭，使得日本對於殖民地的財政特別憂心，樟腦遂成為支撐殖民地經濟的重要項目。

大豹社是日本整個理蕃戰爭的前哨戰。自 1907 年起，臺灣總督佐久間佐馬太總督陸續發動了兩次「五年理蕃計畫」[7]，甚至親自率領萬餘部隊深入太魯閣山區，圍剿太魯閣族（Truku）。更多悲慘的故事流傳於山野之間。例如，太魯閣戰役期間，隨軍記者楢崎冬花如此描述了一位「歸順」的老蕃婦：「彎腰老蕃婦如瘋狂似的，每日至附近的山中尋找至親，……因饑餓而瘦削的蕃婦，宛如此世的餓鬼，那如絲線般的細手伸著手指……」[8]

在我所讀到的日方資料裡，楢崎的報導是少數傾向「同情」原住民的言論，雖然還有其他持同情態度的日本記者、學者專家，但是日本知識分子或許仍然認為，「蕃人」的犧牲乃是帝國推展大業不得不然的舉措，讓這種同情也變得很廉價。寫到這裡，腦海裡再次浮現老人林昭明皙白而蒼老的臉孔，以及大江健三郎在《沖繩札記》裡受到沖繩人質問：「你為什麼來沖繩？」我究竟是不是因為同情大豹社的遭遇，才想去探索他們的歷史？同時，另一個來自不明時空的聲音好像也在問我：「你為什麼來白石按山？」但是，再多的質疑自問，比起大豹社被殺戮、離開家園的事情，我的感受真的不值一提。

然而，大豹社那只堪想像的痛苦，也似乎形成了巨大的歷史屏障，讓我像隻無頭蒼蠅一樣，鑽入浩瀚山野間摸索、尋找隘勇線。

某個濕冷的雨天，我嘗試攀爬三峽外插角一條杳無人煙的山路，想找出日本人在白石按山衝突之後，是走哪條路進入大豹社啟動開發。由於山路幾乎已完全荒廢，幾經迷路之後，我像一位八十歲的阿公把摩托車騎上高速公路，最後整個人卡在陡峭的山崖上。雨愈

下愈大，尖刺的雙葉蕨布滿周遭，大蛇新鮮的褪皮還懸掛在樹梢。當時，我只能不斷揮舞手中的草刀，跌倒再前進，開闢出一條至今連自己也不願再走一次的山路。如此，你問我這樣一個「白浪」，為什麼要來白石按山？我實在沒有答案。我只是一個歷史的掮客嗎？

空白，與人的邊界

除了極少數的學者，臺灣人對於大豹社的理解，可以說近乎空白──即使其發生的地理位置是如此接近「首善之都」的臺北。我認為這仍是一個空白之域，從歷史地圖的演進，也可看得出來。

與其他原住民的傳統領域類似，大豹社的傳統領域在清帝國與日殖初期的地圖上全都是一片空白，是帝國領土以外的區域。從1735年法籍耶穌教會教士杜赫德（Jean Baptiste du Halde）透過法國科學院的現代儀器所繪製的《福建省圖》[9]即已看出，當時清帝國對臺灣的掌握，僅止於月亮型的西部平原，東部則像完全消失在海裡般，一片空白。而更早的1714年，乾隆皇帝為了完成《皇輿全覽圖》，同樣派遣了三位法籍傳教士來臺進行三十三天的實地測量，繪製出三張臺灣古地圖，同樣也只呈現西部平原。[10]

東部的空白帶來一種恐怖的感覺。確實，有一股力量拒斥著現代科學測量的進入，甚至在臺灣成為國家領土後，這些地方依然拒斥資本的進入。矢內原忠雄分析日殖時期臺灣早期資本主義的形成時，略帶神祕地說道：「不知幸或不幸，資本就是厭惡（臺灣）東部。」[11]這個空無，不僅是地圖上的留白，更像是一種外加上去的粉刷──猶如用白漆塗抹在原住民土地上一般，覆蓋了原住民族已然

尚·巴提斯特·杜赫德，《福建省圖》（ *Province de Fo-kien*, 1735）

白石按山1905

生活在山裡千年、具有豐厚文化的事實。

這種刷白塗抹，也是某種現代寓言。地圖的空白，勾勒出往後數百年，國家體制看待原住民族傳統領域的基本方式：國家具有絕對的地圖編纂權力，可以留白，也可以任意填充內容──將原住民的傳統領域，繪製為觀光地圖、或者林班的分布圖。

過去地圖上的空白交界處，往往是昔日的隘勇線；例如，1900年的《臺灣堡圖》裡，[12]日本帝國與大豹社的交界處，大約是當時的三角湧隘勇線。這是一條非常古老的古道，經過實地帶隊踏查後，我發現這條漫長的山稜如今已經沒什麼人走了，沿線仍可看到板橋街的界樁、路上隱約出現一些石堆構造物，以及石砌路面，依稀可以佐證為隘路。

除此之外，地圖上的空白交界處，還存在更多層次的解釋。基本上，它可被視為過去臺灣島內的「帝國邊界」或「內戰的前線」；同時，這條線也是律法見解創造出來的抽象的線，或者──透過人類學視域強迫畫出來的邊界。

曾任臺灣總督府法院判官的安井勝次曾如此強調：「生蕃系化外之民，在我國領土上橫行的野獸而已。」安井透過法學上的見解推定：「生蕃」雖然可能具有法律上的自然人位階，但由於清帝國以來，生蕃即被視為「固我化外之民」、從未被納入國家的律法系統，因此他拒絕承認他們具有法律上的「人格」。

安井的觀點，被日本各界普遍接受，甚至運用到隘勇線前進時期的戰爭裡，將蕃人視如動物般驅離。[13]安井的劃分與動物園裡面的柵欄沒什麼兩樣，區隔出人獸之間的分別。因此，在日方的眼中，理蕃戰爭對原住民的清剿，並不是傳統意義上國家與國家之間的戰爭，也不是所謂的鎮壓內亂，而毋寧更像是神話故事裡，人類如何

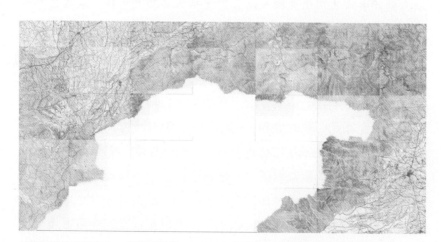

日殖初期的二萬分之一《臺灣堡圖》，1898。空白區域為大豹社與北大料崁族的範圍。

白石按山1905

驅趕猛獸的情節。

　　同時，在推進隘勇線的困難時期，也曾發生日本總督府命令部隊，在缺糧時可以食用蕃人的肉，似乎更堂而皇之將蕃人視為動物蛋白質的來源。例如1910年圍剿大嵙崁蕃時，佐久間總督曾經透過電訊傳達以下的命令：

　　命小泉少將為宜蘭方面指揮官。如有糧食缺乏的報告時，即命以大嵙崁蕃人之肉來充饑，此旨傳達給大津總長（按：當時的蕃務本署長），與軍隊協力合作，以達討伐的目的。[14]

　　遺憾的是，至今這條對原住民族的分別與歧視之線，仍未完全消失。而這也是我們需要重返這些邊界（包括實體的隘勇線、地圖的邊界乃至我們心理的邊界）的原因。甚至在「世界」的大地圖裡面，我們（臺灣）也幾乎常被視為西方的空白地帶。曾經做過「研究」的我們，都知道那種羞辱感，一種穩固存在於今日知識生產場景的隱形邊界。

　　日本學者酒井直樹曾敏銳指出，十九世紀以來的知識實踐，一直被西方的humanitas（人文主義的「人」）與anthropos（人類學的「人」）的分歧所主導。Humanitas，長期以來被認為描述「西方世界的人」，暗示了只有西方的人性有人文主義的價值；而Anthropos，則是觀看西方「以外」的人——例如歐陸帝國主義下的被殖民者。後者是一種兼具人類學與民族學的觀點。日殖時期日本看待原住民乃至整個臺灣社會，基本上也都沿用了這樣的劃分。

　　酒井認為真正值得注意的，並不是humanitas與anthropos的劃分至今是否存在——它當然存在，而是邊緣地區特定的區域主體（例

如鄉村人、勞工階級、原住民族等），那些在過去被認定為anthropos的人，會不斷想流向humanitas。這裡面於是產生了很多矛盾與想像。譬如，邊緣的區域主體往往會相信，唯有努力成為humanitas，才能脫離被土著化的anthropos的噩夢。

換句話說，類似安井那樣明顯的帝國主義知識劃分，表面上雖然失去了歷史條件，但強勢文化所代表的人文主義，仍像一塊超級大的磁鐵，對異質文化具有高度的宰制性。

邊緣的區域文化——例如，曾被定位為野獸的原住民，在「脫anthropos」的過程裡，除了須不斷強調自身的傳統文化外，不免還要與強勢文化的humanitas產生激烈的對辯。目前看來，這仍是一個激烈動盪中的，關於知識生產的戰爭。

雙碑

同樣的知識宰制，也出現在紀念碑的設置上。在三峽外插角山區，有一個大豹社事件的「忠魂碑」，是為了紀念日方的戰歿者所設；但大豹社原住民的犧牲者，雖然比日方的戰歿者多出數十倍，卻連實體文獻的記載都付之闕如。數十年來，日方的忠魂碑幾經颱風、地震，依然在荒山中保持完整，或許日人的靈魂還居住在裡面，但更可能是大豹社的魂魄也在守衛著它，好作為來日轉型正義的素材。

主體石塊似乎來自附近河床的黃色砂岩，是三峽早期山居民宅常見的材質，但碑體上的說明牌，則已被挖走了。根據居住在金敏山區的張茂生老先生所說，銅鑄的說明牌是被附近的礦工挖去做燈火芯。忠魂碑前方還有一條破損的參拜道，通往蚊蟲繚繞的桂竹林。

白石按山1905

在多年的荒蕪下，蔓生的桂竹林似乎有將忠魂碑「吃掉」的趨勢。

那趙探索之行後，我興起了「它應該被保留」的念頭。適逢柯文哲的臺北市政府因為三井倉庫拆遷案招惹爭議，而忠魂碑與「三井合名會社」墾殖三峽山區有直接關聯，我因此為忠魂碑寫了一篇短文，一方面聲援民間發起的「搶救北北三：北門×北三線×三井物產舊倉庫」行動；另一方面也藉此主張：北門三井倉庫單一建築體的保存，必須同時連結三峽深山中的忠魂碑，以及許多三井墾殖過的山區遺址，包括日殖時期的軍事侵略、科學化的土地測量，乃至於三井等財團的發展等等，才能較為整體地一窺臺灣殖民現代性的全貌。

雖然聲援行動失敗了，因為文章被轉載的緣故，反而引起一連串不可思議的「迴響」；過去苦苦查找不到的大豹社資料，忽然間不斷湧入。較之於昔日虛無縹緲地探尋大豹社事蹟，簡直不可同日而語。就好像大豹社人的冤屈化為一股力量在背後推動一樣。

雖然不願推諉於鬼靈之說，我還是得承認，這段調查大豹社的過程，真的是驚異連連。不久後，我意外得知，距忠魂碑不遠的湊合橋一帶，有座收納了上千具無名遺骨的百年萬善堂。堂內的碑體刻著「靈應萬善同歸墓」，左右眉批則是「忠義」二字，碑體註明的修建日期是1910年11月，恰好是大豹社事件結束後三年。一旁的無極皇宮住持說，萬善堂是地方人士受到託夢，為了收納橫死山區的原住民及漢人遺骨而建。

那天，面對著龜甲墓龕裡的千具屍骨，我難掩激動——那麼長時間的不斷查找、那麼多的無明與不解，好像在面對這間小小的陰廟時，終於有了答案。原來我所探索的隘勇線，所閱讀的大豹社事件史料，長達七年的戰事裡，抗日的大豹社人一直都是歷史文獻中

上：外插角山區的忠魂碑，下：湊合橋上方的萬善堂

白石按山1905

消失的一群，這群失去面孔的人，他們的模樣終於在眼前的萬善堂得以略為顯影。

不過，在訪問世居金敏山區、萬善堂爐主之一的張茂林、張茂生父子之後，才進一步得知，這些骨骸是在大豹社遺址上開墾的漢人移民挖出來的。除了原住民的戰死者以外，也混合著遭到馘首的漢人頭顱。

於是，在陸續拜訪大豹社遺族、白石按山、隘勇線、忠魂碑及「靈應萬善同歸墓」之後，我開始組織探勘隊，著手進行一個龐大的空間測量計畫，並陸續前往北插天山、竹坑山、熊空山、拔刀爾山、加九嶺、獅子頭山等地，為了將橫亙在北臺灣郊山裡長一百多公里，與大豹社事件有關的幾條日本隘勇線遺址一一找出來，試圖從空間測量的層面，在文字敘述的史料之外，再現大豹社事件的空間感知。同時也開始嘗試與原委會、林務局與文化部的文資部門會商，希望能夠以「歷史步道」的保存規格來看待殖民者所興築的隘勇線，並且有朝一日能將這段歷史踏查的結果，交給大豹社遺族，共同探索這段無名的歷史。

註釋

1. 傅琪貽，〈大料崁流域北泰雅族抗日事件始末（精簡版）〉，政院國家科學委員會專題研究計畫成果報告，2010，頁73。
2. 即白石按山，該時期日方文獻有白石按山、白石鞍山兩種稱呼，但以前者居多，故本文取白石按山一詞。
3. 插角是大豹社的部落所在地，過去稱為「狗空口」。現今三峽區插角里路邊有一面說明牌記載著：「插角舊稱大豹，明治三十九年（1906）日總督佐久間訂定理蕃方針，大舉討伐這一帶番人的時候，於大豹社的門關：狗空口附近突出的高地，設置警察官吏在所，因認為豹是會傷人的猛獸，因此地恰有兩處突出

的高地，形同牛角，於是就改稱為插角。」

4. 傅琪貽，〈大料崁流域北泰雅族抗日事件始末（精簡版）〉，政院國家科學委員會專題研究計畫成果報告，2010，頁93。

5. 同前註，頁93-97。

6. 鄭安晞，《日治時期蕃地隘勇線的推進與變遷（1895-1920）》，臺北：政治大學博士論文，頁147-167。

7. 佐久間前期「五年理蕃」計畫為1907-1909年的三年間，後期為1910-1914年。在前期「理蕃五年」計畫中，臺灣總督府完成對泰雅族「前山群」的征服。

8. 楢崎冬花，《太魯閣蕃討伐誌》，臺北：臺南新報社臺北支局，1914，頁260。

9. *Province de Fo-kien*，（福建省圖）尺寸為31.5x37cm銅版印刷，手工著色，屬於小型地圖。收錄於1735年法國出版的 *Description de la China*（《中國誌說》）。

10. 摘自：〈清朝三大實測地圖中的臺灣〉，「地圖與遙測影像數位典藏計畫」。

11. 矢內原忠雄，《日本帝國主義下之臺灣》，林明德譯，臺北：財團法人吳三連臺灣史料基金會，2014，頁140。

12. 《臺灣堡圖》由「臨時臺灣土地調查局」出版，從1898年開始繪製，到1904年才完成。

13. 黃唯玲，〈日治時期「平地蕃人」的出現及其法律上待遇（1895-1937）〉，《臺灣史研究》第十九卷第二期，臺北：中央研究院臺灣史研究所，2012，頁105-106。

14. 藤井志津枝（傅琪貽），《日治時期臺灣總督府理蕃政策》，臺北：文英堂，1996，頁256。

白石按山1905

三井1923

為要活出日本的理想，請先把這個國家埋葬掉吧！

——矢內原忠雄

　　從1900年到1907年，大豹社與日本軍警之間歷經了七次戰役。長年征戰導致社眾人數從上千人銳減到三百多人，下場淒涼。[1]戰爭的最後一年，日方為了追剿撤到桃園一帶的大豹社，興建了「臺北─桃園橫貫隘勇線」，從烏來龜山的發電廠拉來電力，鋪設最高防衛度的高壓電防線，並在關鍵地點設置山砲、臼砲、野砲與重機槍陣地以為壓制。殘餘的大豹社眾逃到泰雅族時務那奧社（今日復興鄉雪霧鬧）後方，躲在一個叫做泰亞（tayah）的險坡高地避難。最後，因為族人面臨斷糧的危機，頭目瓦旦‧燮促決定步行到角板山，正式向日方投降。關於這段過程，傅琪貽寫下了這段令人動容的描述：

　　Watan Syat（瓦旦‧燮促）獨自離開走到角板山，欲與日警和解（subarai）談判。據說當時他攜一女兒作不再反抗的人質，但日方要求交出兒子當人質。Watan Syat 將八歲的 Losing Watan（樂信‧瓦旦）和七歲的 Tage Watan（塔格‧瓦旦）兄弟交給日警時，要求讓他的族

44

人「回歸故土」。然而 Watan Syat 根本不知道三角湧原大豹群所有領域，早已變更為日本財團三井合名會社的經濟開發用地。但不知情的 Watan Syat，獨自停留在志繼（squi）的耕作地等待日方的答覆。其實他絕不可能獲得日方任何善意的答覆。因為 Watan Syat 的部落與領土早已從地圖上消失不存在，所以即使他花了晚年所有的時間等待，也永遠等不到日方的讓你「回歸故土」的回應。1908 年間，Watan Syat 病逝在角板山名叫 kijai 的工寮內。[2]

蕃人的教化

瓦旦‧燮促在等待日方「回應」的日子裡，想必受到極大的煎熬，這位曾經統帥北大嵙崁泰雅族的大頭目因而在短短一年的「等待」中死去。對日本人而言，燮促之死可能比一隻動物的死亡還不重要。

日本早期對原住民是極為貶抑的。除了安井勝次視蕃人為「飛禽走獸」之外，也是法學背景出身的臺灣總督府參事官持地六三郎，也在 1902 年〈關於蕃政問題意見書〉裡主張：「只見蕃地而不見蕃人」、「國家對此叛逆狀態的生蕃擁有討伐權，其生殺予奪，都在我國家處分權的範圍之內」，主張蕃人為類似禽獸的劣等人，面對原住民傳統領域，必須完全以經濟觀點視之，必須清除「蕃害」。法學家岡松參太郎也主張「日本帝國與生蕃之間不具國法上的關係，只有國際法上的關係」，認為蕃人並不應該像漢人一樣定位為日本國內的居民，進而主張蕃地是「敵國的領土」，而蕃人甚至因為不具有國際法的「人格」，而可以任意殺戮之。以上看法，特別是持地的觀點，受到當時總督兒玉源太郎的高度重視，持地也因而被任

命為「臨時蕃地事務調查掛」的掛長（組長）[3]，進一步治理蕃地的事務。

什麼時候蕃人才真正被當成「人」來看待？其中也經歷了不少轉折。理蕃戰爭結束後，多數的原住民傳統領域仍直接由警察管制；能不能轉變為普通行政區，端視該地方的原住民有沒有成為「化蕃」（進步光譜中的受教化者）的可能。

例如，1915年南投廳向總督府建議，將霧社納入普通行政區，其所持的理由便帶有人種學的進步化約論觀點：（一）富有同化意願；（二）教育已稍有進步；（三）頗從事牧牛農作勞役等；（四）經濟思想進步，對適用蕃產物交易規則感到痛苦；（五）頗有與內地人及本島人結婚之風氣；（六）行政上各種管理亦不會困難。此外，總督府對於化蕃如何再進一步「脫胎」成為本島人，也做了說明：「當化蕃智識的程度、風俗的改易、其他服從關係達到與本島人同一之程度時，脫離蕃人之境遇，視為本島人處理。」[4]

至於改造蕃人的作法，則不一而足。舉例來說，從唐澤孝次郎等人的《復命書》裡，可以看出主張透過「有形的化育」，贈與原住民文明的物質來改造其心。但是贈品不應該太精細，例如不能送當時蕃人喜歡的紅棉布，而要送木棉線或者真田線之類的原料，[5]否則無法激起蕃人的好奇與勤奮、發明之心，亦無從「進化」蕃人。[6]《復命書》裡是這麼說的：「恰如嬰兒發育之初，應給予簡單粗糙之玩具，逐漸及於複雜精細之玩具。」可以說，如此這般對「勞力智能」的開發，是與懲罰體系一體兩面存在的治理技術。此外，從上述南投廳對霧社納入普通行政區的意見，則可看出：同化、教育、能吃苦、經濟思想進步等界定詞中，對日方最重要的意義在於，進化的蕃人在「行政上各種管理亦不會困難」。換言之，上述各項蕃

人進化的目標，最終就是要簡化管理的程序，這點業已預現了當代新自由主義強調文明化、自我管理化的生命政治企圖。

伊能嘉矩認為，臺灣乃帝國武備與殖產的要地，必須講求如何治化、保護與獎捆「蕃民」。為了達到這個目的，必須先透過博物學式的知識考察，「依其人類之研究，以觀察其形而上下，並探地理，且及於自然之關係，然後應用其結果」，最終希望對蕃人能夠「濟日潛之禍機於未然」[7]。簡單說，就是透過教化來減少「蕃害」的發生機率。

雖然伊能的觀點傾向不以武力討伐，而且至少沒有像總督府法學界那樣，對蕃人做出等同於飛禽走獸的界定。但我們也可看出，帝國的概念仍然是優先於人類學的調查，形成一種「前見」，徘徊在殖民地知識場域的邊緣；知識的生產與帝國的死生綁縛在一起，形成命運共同體。我們甚至可以大膽地說，帝國主義時期的各種知識類型，無論法學、人類學乃至於美學、自然科學，幾乎都是有意識地在產生某種國族審美。教化蕃人的工程，實質上也等同於節省、縮減帝國在懲罰系統上的耗損。

當代社會對人所發出的自我管理要求，從某方面來看是從古老的懲罰體系內部變革而來的，並將之施行於監獄以外。例如，十九世紀末，歐洲的刑罰體系已由單純的懲罰，逐步轉為對人的「改造」。米歇爾·傅柯對此的描述是：「通過一套完整的人類學」[8]，他以一種膨脹過的人類學視野來取代對犯人單純的身體懲罰。律法系統因此朝向「個人化」的膨脹與發展，其所注重的是對人犯的改造。因為單純的懲罰意義太過瑣碎了，必須連帶著對犯人的改造，並且使其他人能夠引以為戒，才能彰顯出律法系統的意義。由此看來，被總督府視為潛在的危險族群，或潛在犯罪者的蕃族，在武力

鎮壓之後轉向教化而使成為「化蕃」，表面上是希望將他們從動物改造為人，實際上則與當代國家普遍尋求節約、節省的新自由主義治理邏輯有關。

樟腦戰爭

人的新自由主義化相仿，日人對臺灣的山野土地，也絕不會以「荒地」視之。在瓦旦‧燮促等待「回歸故土」期間，日本早已將大豹社的傳統領域轉給「三井合名會社」（以下簡稱三井）來砍伐樟樹。

早在殖民初期，扮演臺灣蕃地行政重要角色的有田正盛，便已主張，臺灣所有的林野地，除非農民具有明確的地契，否則應全部納為官有林野。這就是所謂的「無主地國有」政策。這個政策所針對的，就是樟腦的利益。有田甚至認為，臺灣的樟樹可以經受得起一百年的輪流砍植、每年可產出六百萬公斤的樟腦，[9]因此力主開發隘勇線，建立交通要道。由此可知，樟腦的龐大利益，殖民政府早有所悉。

1895年6月領臺後，臺灣總督府自然會掌握樟樹的龐大利益。九月，民政局長水野遵在《臺灣行政一斑》的〈殖產〉裡，即強調：培養富源第一項是「樟腦之製造」，並認為有必要實行樟腦官有公賣，10月31日即發布「官有林野及樟腦製造業取締規則」，以課稅方式由各地方廳管理。[10]

在塑膠工業尚未成熟以前，樟腦所提煉的賽璐珞（celluloid），是民生工業的重要原料（用以再製為玩具、電影底片、梳子等物）。同時也能製成無煙火藥，具「射程穩、速度快，殺傷力更強」[11]等特

採樟腦（山本三生，1930，中村靖夫提供，宜蘭縣史館典藏）

三井1923

質，是現代戰爭工業的重要原料。[12]

對於大豹社戰役期間新佔領的山野，總督府引入三井企業，一面砍伐樟樹一面著手造林，其墾殖面積也隨著隘勇線的推進而不斷擴展。從1907年總督府殖拓局函覆三井代理臺北支店長齋藤吉十郎的文件裡，可以看出三井經營新佔地的概況：

> 桃園廳下三角湧方面蕃地大豹社全部
> 官有森林原野 2,385 甲 3 分
> 預計作為樟樹造林及製腦
> 獲准承貸之區域皆位於核准當時之隘勇線內
> 租金為一年一甲一錢[13]

該份公文的附件圖，清楚顯示了兩個時期的兩條隘勇線，上方是1905年白石按山戰役打出來的隘勇線，下方紅線則是1906年毀滅大豹社的「加九嶺—熊空—大豹隘勇線」。日方將掠奪來的大豹社傳統領域，即刻以獎勵造林的名義低價交給三井。根據《三峽鎮誌》的記載，直到1910年，三井以「真樟灶」製腦方法，光是在三峽地區，每月就可產出樟腦十萬臺斤、樟腦油二十萬臺斤之多，壟斷了日本在臺的樟腦產業。

雖然一面砍樹一面造林，希望將樟腦設定為百年產業，但由於樟腦需求量太大，不出幾年，大豹社傳統領域整片樟林就被砍伐殆盡。

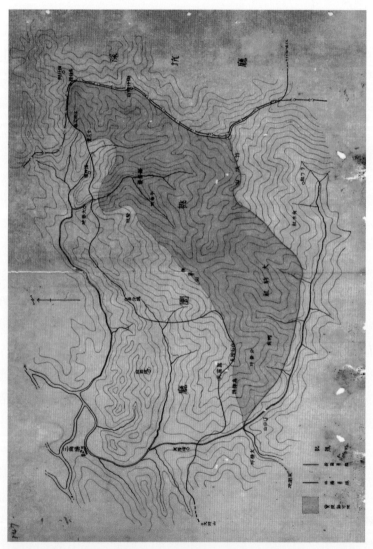

臺灣總督府殖拓局准予三井墾殖大豹社傳統領域的範圍（綠色區域）（齊藤吉
十郎樟樹造林用地年期貸渡許可，〈明治四十一年永久保存追加第十卷〉，《臺
灣總督府檔案》，1906，國史館臺灣文獻館提供）

三井 1923

茶場的公司化

1918年，在榨乾了森林的原始資源之後，三井除了繼續伐木與製炭，也開始往茶產業發展，大豹社山野的地貌也產生了「茶園化」的大轉變。1923年，三井在昔日的總頭目瓦旦‧燮促的家，也就是今日插角的大板根森林溫泉渡假村一帶，設立了居當時東亞之冠的第一大製茶場——大豹茶場，引進「デイゼル」引擎（Diesel，燃油引擎，又稱狄塞爾內燃機），以提高製茶的效率。

大豹茶場的面積多達574甲，以粗製茶為大宗，紅茶亦佔相當比例。隔年，三井翻越牛角尖－紅面龜山陵線，在山的另一邊設立大寮茶場，下轄茶場面積272甲。日後，這兩個茶場就以生產著名的「日東紅茶」為主。取名「日東」，是為了與當時世界第一品牌的英國「立頓」（Lipton）紅茶競爭，顯見其企業版圖是放眼全世界。

從三井臺灣出張所出版的《三井の茶業》附圖照片，可以清楚看到，大豹社上方的原始森林，像是被理過頭一般，成為茶園。右上方有一條細細的白線，那是通往大寮茶場的產業道路。戰後，三井的產業由臺灣省農林處所成立的臺灣農林公司（以下簡稱臺灣農林）接手，日東紅茶也改良為產能更大的「臺茶八號」，紅茶帝國在大豹社的傳統領域，繼續著香火。

這是一段尚未「解殖」的歷史。以瓦旦‧燮促的故居為例，三井在砲擊過後的插角土地上蓋了大豹茶場，戰後由臺灣農林接管，繼而轉手給私人經營，成為今日的大板根森林溫泉遊樂區。可以說，臺灣山林的轉型正義不僅仍未完成，甚至從未被好好正視。也許我們應該組織一個小組，花上十年的時間，徹底清查山林裡因現代國家的因素所殘留的土地爭議問題。

上：大豹茶廠和茶園（來源：《三井の茶業》），下：熊空茶廠一景

三井1923

小時候，我曾看過大豹茶場荒廢後的樣子。茶場的大門深鎖，三角形的屋頂鏽滿鐵漬，屋前的廣場寂寥地停著幾輛準備上山戲水的汽車。當時我完全不知道，這座廢墟代表一個龐大的帝國山林事業，以及大豹社滅族的悲傷故事。也可以說，我是從戰爭的探索中才開始認識三井，也在其中看見，臺灣總督府如何努力栽培三井財閥——像照顧一株纖弱的樹苗。一直到國民黨政府，臺灣農林接管了大豹社傳統領域，後續在陳水扁執政時期，農林公司轉型為私有企業，並且開始大肆賣地，許多販售出去的山林地被特定財團、政治人物買下，開發為農園、露營地及遊樂園。臺灣山林土地的主權幾番轉移，不僅是原住民失去傳統領域的議題，更讓我們產生了對山林、土地遭剝奪之情況的麻木感。

　　循著經濟殖民的軌跡，我來到臺北市館前路的市定古蹟「三井物產株式會社舊廈」探查。旁邊的土地銀行展示館有一張三井在臺灣的產業略圖，其版圖橫跨農、林、牧、礦冶與傳統製造業，如「金包里金山（製金）」、「臺灣棉花株式會社（棉）」、「臺灣畜產株式會社（畜）」……，可見三井實質上壟斷了臺灣的經濟命脈。矢內原忠雄甚至認為，三井等財團在臺灣的資本壟斷，實際上就是他們在日本母國的資本壟斷的一部分。[14]其中大多數的經營階層，是住在日本的「不在地資本家」，即使有住在臺灣者，也多與總督府關係緊密，而甚至有「民間總督」之稱。[15]

　　戰後，官股的臺灣農林陸續接收了三井的山羊、乳牛、魚肝油、製茶、味噌、鳳梨、白蘭地等產業，可見政治與資本家纏綿糾結的關係，並未隨日本撤退而有所改變。[16]

　　從臺灣行政長官公署時期的公文〈撥歸公營企業名稱及接辦情形案〉[17]可知，戰後臺灣農林接管了三井農林株式會社、三井物產臺

北製茶場，以及東橫產業株式會社、三庄製茶株式會社等公司；茶場涵蓋面廣及三峽、大溪、三義到南投日月潭的廣闊山林，並接收了總資產近四億元台幣（以民國三十七年的幣值計算）的日股。

今日，隨著WTO的市場開放，臺灣茶葉面臨了越南與中國劣質品的惡性競爭。其中以越南茶所帶來的問題最多，除了農藥殘留量偏高以外，還有美軍在越戰時期灑下的落葉劑（agent orange，或稱橘劑），讓越南女人不斷生出畸形兒。據悉，佔進口量70%的便宜越南茶，多數銷往臺灣街邊的茶攤和手搖杯店。惡性競爭之下，臺灣茶基本上只能往相對高價與精緻的茶文化路線發展。

大約在這個背景下，臺灣農林也開始經營文創觀光產業。例如：三峽的熊空茶園、大寮茶場或者桃園的大溪茶場。以三峽的大寮茶場為例，2013年為了響應「新北市鼓勵產業觀光發展計畫」，茶場裡古色古香的日本風格廠長宿舍業已整修為「大寮茶文化館」，開放給民眾參觀並兼營飲茶空間，一派古色古香的氛圍。

然而，觀光客並不知道，茶場附近曾經是大豹社事件的戰略要地。日本曾在此建立大寮地隘勇監督所，下轄三個隘勇分遣所及十個隘寮。這一帶也是大豹社傳統領域的邊界（大豹社人稱為「豹尾」），昔日原住民與漢人、日人的交鋒地帶。傅琪貽提及：

據說大豹群總頭目Watan Syat於清末日治初期，曾積極準備在大寮地ngungukli（豹尾之意）籌設第十四個部落，經過長期的籌設後開始建屋，並已經開墾到種植藍靛的染料用原料的植物等地步，只差人尚未正式搬遷過去而已。結果，遇到了日本人來殖民統治[18]……當然遭到大豹群奮力抵抗而最後日方得放棄來收場。在此戰役中大豹群展現優勢的戰鬥力，還在五月（1904）間搶奪日軍大砲等擊退

三井1923

上：大寮茶文化館
下：大板根森林溫泉渡假村裡保存的大豹茶場「デイゼル」引擎

敵人，成功地保衛了大寮地。[19]

大寮茶文化館展示空間裡的文史資料，只述及三井合名會社，卻遮掩了大豹社如何在此抵抗日人，甚至奪下七十釐米山砲並以之反擊的史實。雖然茶文化館將環境整理得美侖美奐，吸引許多都市人前往踏青，然而這種「刪除歷史」的歷史文化空間，卻令人不安。借用王志弘的說法，文化治理的核心，始終是「文化領導權」的爭奪；大寮茶文化館以文化經濟為藍圖，卻缺少正視傷痛歷史的決心，外表雖有精美的文化包裝，卻更加令人感到不寒而慄。茶作為臺灣「正統」的社會文化，除了先民篳路藍縷的神話形象之外，不是也應該把茶葉與土地侵略之間的關係考慮進來嗎？

三角點

每一次路在轉彎的時候，K就希望路會轉彎過來，向城堡去，也只是為了這樣一個期待，他才繼續向前走。他雖然已經疲憊不堪，還是滿心不願意放棄這條路不走。這個村子似乎長得沒有盡頭，他對村子有這麼長，也感到驚異。他一再看到的，只是同樣的小房子，雪封了窗檻，白雪，杳無人煙。[20]

在卡夫卡的小說《城堡》裡，土地測量員K一直希望前往城堡向主人報到，卻因為官僚公文系統的錯誤，而永遠不得其門而入，徘徊在鄉間旅館，最後成為一個流浪漢。米蘭・昆德拉對K的處境下了一個精確的結論：「罪與罰的因果倒錯。」

不過，日本土地測量員的命運卻完全不同。他們夙夜匪懈、兢

兢業業，以自身的專業貢獻國家；從某方面來說，他們的測量成果，反而為罪與罰的系統鋪了路，甚至說他們是某種形式的開國英雄也不為過。2017年訪問世居三峽金敏山區的張茂林先生時，曾聽他聊起，當初在申請土地鑑界時，三峽區公所地政處派來的土地測量員，「同一個人來三次，每次測出來結果都不一樣。」他還褒揚地說：「還是日本三井時期的界樁立得精準！」

　　矢內原忠雄提及，日本為了推動殖民地的資本主義化，必須統一貨幣與度量衡制度，才能使殖民地的有形、無形資本成為本國的一部分。[21]因此，取得殖民權力以後，第一要務就是對土地做地毯式的清查。竹越與三郎更提到，臺灣土地調查的效果：「內使田制安全，外使資本家安心，可以投資於田園，故其效果是無限的。」[22]甚至早在乙未戰爭期間，為了先行掌握殖民地資源，日本即派遣大批測量人員隨著近衛師團來臺作業。其後，總督府組成「臨時臺灣土地調查局」，引進德國的土地測量技術，在1898年到1903年之間動員了147萬人次從事地籍調查、三角點樁定，以及地形測量等工作。[23]直到1903年為止，共計埋設了三等三角點1,082顆、總督府的花崗岩圖根點以及圖根補點2,300顆，以作為後續測繪《臺灣堡圖》之用。

　　地圖的測量也對征服蕃人與「蕃地」，打下了重要的基礎工程。1908年開始，在蕃務本署的測量技師野呂寧帶領下，日方開始了高山地帶的測量工作，而實際上，測量隊也等同扮演了侵略者的偵查隊角色。[24]

　　1914年，總督府進一步發出了一份名為〈臺灣土地測量標種類及樣式告示〉的重要公文，詳實規範了各式各樣三角點標石、標竿、測旗的樣式，更具體地統一了土地測量的標誌系統。該份公文同時會參了財務局、民政長官乃至陸軍參謀長、鐵道部長、工事部長、

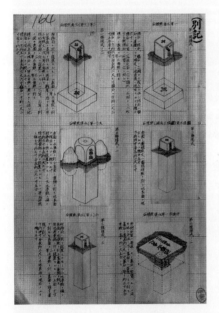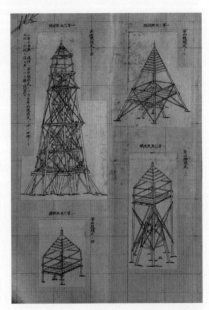

臺灣總督府「臺灣土地測量標種類及樣式告示」(〈大正三年永久保存第六十一卷〉,《臺灣總督府檔案》,1914,國史館臺灣文獻館提供)

上：「三井」樁，金平山—牌子山叉
下：「文七〇四三一」樁，三峽六寮崙山

土木局長以及警察本署長，可見國土測量涉及層級之全面性。此後，總督府陸地測量部採取了更精確的「三角點（triangulation point）測量法」，以臺灣地理中心點：埔里街虎仔山的一等三角點為基準點，以三角形的方式，向四面擴散。因此整個臺灣被蜘蛛網一樣的三角點抽象測量線框定住，其測量的方式如下：

以基線為已知的一邊，而連續增大所成的聚三角形稱為基線網，當基線網逐漸擴大成一等三角網，一等三角網內的三角形起點稱為一等三角本點，本點間的距離約四十五公里，由於一等三角本點的數量有限，必須在一等三角網內，另設一邊長約二十五公里的三角測點，稱為一等三角補點，以及一邊長約八公里的二等三角點，進而在二等三角網內，又設一邊長約四公里的三等三角點。凡三等三角點以上的三角點，一旦選定，即須設置標石，並進行經緯度的觀測。[25]

西方的 geography（地理科學）是由 geo（大地）和 graphy（描寫）兩字組成的。換言之，地理科學若改為「描寫大地的技術」，可能是最淋漓盡致的譯法。以大豹社傳統領域而言，除了總督府圖根點外，密林裡還存在許多疑似三井所立的「文」字樁，也有直接刻上「三井」的界碑，在金平山海拔九百公尺一帶就有一顆。

因此，2015 年臺北市政府預計拆除三井物產株式會社舊倉庫時，我便主張把這些林立於北臺灣山頭的三角點、地樁、中北部的幾個茶場，與市中心的三井倉庫連成一個網絡，形成立體的歷史空間「文獻」（literature）。現址保留的意義，在於地理科學的反思，與我們經由伊能嘉矩反思人類學與帝國之間的知識「化用」關係是

一樣的。

在伊能嘉矩〈陳余之赤志，訴先達之君子〉一文中提到：「斯學之薄博淵泉的臺灣，屬我版圖，不僅學術上，將來治教之需要上，亦逢不可不速為研究調查之機。」[26]清楚透露了人類學與帝國治理之間的關係。換句話說，我們對待歷史文物，除了以「古蹟」（heritage）看待外，也應進一步將它思考為構成我們自己當下的生命文獻，試著將它的抽象組成的力量——知識、科學、帝國意識解析出來。這個時候，檔案才有可能超越單薄的紙本，在空間上產生連動，如此也才能跨越「古蹟」的文物封套。我想，這可以成為從歷史性角度理解三井相關遺址的一個方向。

註釋

1. 傅琪貽，〈大料崁流域北泰雅族抗日事件始末（精簡版）〉，行政院國家科學委員會專題研究計畫成果報告，2010，頁93。文中原住民的名字改以羅馬拼音呈現。
2. 同前註，頁104。
3. 藤井志津枝（傅琪貽），《日治時期臺灣總督府理蕃政策》，臺北：文英堂，1996，頁151-154。
4. 黃唯玲，〈日治時期「平地蕃人」的出現及其法律上待遇（1895-1937）〉，《臺灣史研究》第十九卷第二期，臺北：中央研究院臺灣史研究所，2012，頁113。
5. 真田繩是一種日本的裝飾結繩。
6. 王學新，《總督府檔案專題翻譯（九）——原住民系列之二：日據時期宜蘭地區原住民史料彙編與研究》，南投：臺灣省文獻委員會，2011，頁326-327。
7. 伊能嘉矩，〈陳余之赤志，訴於先達之君子〉，1895。引自黃英哲、梅家玲，〈重層知識網絡：「臺灣人類學」的構想〉，《伊能嘉矩：臺灣歷史民族誌的展開》，臺北：國立臺灣大學出版中心，2014，頁49。
8. 米歇爾・福柯，《生命政治的誕生：法蘭西學院演講系列（1978-1979）》，莫

偉民、趙偉譯，上海：上海人民出版社，2011，頁222。

9. 經典雜誌編著，《赤日炎炎：臺灣1895-1945》，臺北：經典雜誌，2005，頁78。

10. 同前註，頁153。

11. 林一宏，〈探索臺灣樟腦褪色的白色金礦〉，《中國時報》，吳垠慧報導，2010年5月18日。

12. 黃瑞珠，〈產業、社區與環境變遷：以羅東樟腦局、樟仔園和樟造林事業為例〉，收錄於《「再現」別有天：宜蘭生態與環境變遷》，宜蘭：宜蘭縣史館，2015，頁145。

13. 王學新編譯，《日治時期臺北桃園地區原住民史料彙編之一：理蕃政策》，南投：國史館臺灣文獻館，2011，頁419-424。

14. 矢內原忠雄，《日本帝國主義下之臺灣》，林明德譯，臺北：財團法人吳三連臺灣史料基金會，2014，頁57。

15. 同前註，頁96-97。

16. 依臺灣農林股份有限公司於1947年8月5日發給農林處的公文顯示，農林處各分公司接收日資會社如下：一、臺灣水產公司。二、臺灣茶葉公司。三、臺灣畜產公司。四、臺灣鳳梨公司等，其中，臺灣茶葉公司下轄三井農林株式會社、三庄製茶株式會社、持木興業合資會社、中野商店、東橫產業株式會社、臺灣農業株式會社、野澤組臺北出張所、三菱製茶工場等。

17. 資料來源：國史館國立臺灣文獻館，卷號：0000030682。

18. 傅琪貽，〈大料崁流域北泰雅族抗日事件始末（精簡版）〉，行政院國家科學委員會專題研究計畫成果報告，2010，頁88。

19. 同前註，頁90。

20. 弗蘭茨·卡夫卡（Franz Kafka），《城堡》（*Das Schloß*），熊仁譯，臺北：桂冠，1996，頁12。此段中文譯文略有修改。

21. 矢內原忠雄，《日本帝國主義下之臺灣》，林明德譯，臺北：財團法人吳三連臺灣史料基金會，2014，頁45。

22. 竹越與三郎，《臺灣統治志》，頁214。引自矢內原忠雄，〈臺灣的資本主義化〉，《日本帝國主義下的臺灣》，林明德譯，臺北：財團法人吳三連臺灣史料基金會，2014，頁18。

23. 魏家弘，〈臺灣土地所有權概念的形成經過：從業到所有權〉，臺北：臺灣大學法律研究所碩士論文，1998，頁124。

24. 藤井志津枝（傅琪貽），《日治時期臺灣總督府理蕃政策》，臺北：文英堂，1996，頁242。

25. 徐瑞萍，〈二十世紀臺灣中比例尺地形圖套疊之研究〉，臺北：國立臺灣師範大學地理學系碩士論文，2002，頁12-15。
26. 陳智偉，《伊能嘉矩：臺灣歷史民族誌的展開》，臺北：臺大出版中心，2014，頁102。

帝國的凝視 1903

凡所有相皆是虛妄
若見諸相非相
即見如來

——《金剛般若波羅蜜經》

復歸陳請書

當樂信・瓦旦被當成人質交給日本以後，他為了紀念自己是父親的第三個兒子，遂改名為「渡井三郎」。在日本刻意的栽培下，成為原住民的菁英，自臺灣總督府醫學專科學校畢業後，開始了長達二十餘年的公醫生涯，巡迴於原住民部落，除了醫治族人，也擔負「穩定蕃情」的任務。日本戰敗後，三郎再度改名為林瑞昌，曾經擊敗了國民黨屬意的排灣族候選人，當選臺灣省參議員。他開始在議會裡提倡「還我土地」，批評政府「山地行政」的偏頗以及消極作為，可說是今日原住民「土地正義」運動的先驅。[1]

後來，他進一步向國民黨層峰遞交《臺北縣海山區三峽鎮大豹社原社復歸陳請書》，文中充滿對故土的孺慕之情，例如：「我們

必須歸復墳墓之地，自失地以來，一天也不忘過故鄉。」沒想到，陳情書遞交後不過短短幾年，他與同是原住民菁英的鄒族湯守仁、高一生等人，因為共同捲入「高砂族自治會」案件而遭到槍決。

樂信‧瓦旦的長子林茂成回憶起那段恐慌的歲月，他說，父親自1952年在臺北的「山地會館」（位於今日的羅斯福路一段附近）被抓走以後，從此音訊全無。在祕密收押期間，日籍母親玉華因精神疾病及憂心過度，居然隔年就在枕頭山的一間土屋裡辭世。1954年7月，角板山忽然到處貼著樂信‧瓦旦遭到「叛亂罪宣判死刑」的公告，林茂成才恍然知道，父親已經遭到槍決了。從此，全家財產遭到沒收，家徒四壁，林茂成因為沒有錢為父親舉辦喪禮，親人與族人亦視政治犯的家屬為瘟疫，只好將父親的骨灰罈藏在家中佛櫃長達三十年。[2]

距離樂信‧瓦旦被槍決的六十二年後，2016年，我前往桃園市政府六樓，採訪當時已真除為桃園市原民局局長的林日龍。

林局長是樂信‧瓦旦的孫子，泰雅名鐵木‧諾淦（TemuNokan）。他看起來異常忙碌，因此原民局的祕書請我在會客室等候。坐在明亮的市府大樓裡，像機場的候機室一樣，我出現了以往迷失在公務體系空間裡的感覺。雖然林日龍不太清楚我的來歷，但因為事關祖父，忙完之後便熱切地和我分享許多祖父的資料，包含多幅珍貴的影像，收錄在桃園縣政府文化局出版的《泰雅先知：樂信‧瓦旦，桃園縣老照片故事2》裡。他之所以選擇在公部門服務，是希望延續祖父在政治方面的影響力，繼續為當代的原住民福利打拚。

後來，我又到桃園縣復興鄉的羅浮村，探訪位於羅馬公路起點的「樂信‧瓦旦紀念園」。這位原住民政治先驅樂信‧瓦旦的墳墓，就位於紀念園的上方，緊鄰園區的羅馬公路駁坎，以數位輸出的方

林瑞昌，《臺北縣海山區三峽鎮大豹社原社復歸陳請書》，1947。（林日龍提供）

式，呈現了好幾張他的巨幅相片。我在他的巨型相片前徘徊了一陣子，被一種自己也不太清楚的「歷史的無可決定性」所迷惘。

可能因為社會位階的關係，樂信・瓦旦所留下不少相片，比起日本人類學者所拍攝的「生蕃寫真」裡那些沉默無聲的原住民，他的影像更為個人化。即使如此，由於生命中充滿著悲劇特質，樂信・瓦旦照片中的眼神，看起來有一種複雜的宿命感。在翻閱林日龍給我的攝影集及看著羅馬公路駁坎上的照片時，我特別感受到羅蘭・巴特所說的「影像迷宮」，就在樂信・瓦旦的眼神裡。

決斷

面對這些歷史影像，身為當代藝術創作者，我不免對自己所處的藝術圈產生一些反思。當代藝術對於影像的執迷，是在長期追求「影像知識化」所化約出來的結果，我認為，那不過是知識層面上慾望自身的結構化——簡單地說，即慾望權力運作的一種方式，「影像」一詞的解釋幾乎變成是一種虛無主義。當代藝術的影像論，基本上還處於非常高度的隱喻性、必須透過繁複的美學化修辭來掩蓋自身薄弱的意義。我認為這不過是在創造術語堆砌的瞬間迷爽，或者，透過空洞的論述生產來滿足沒有自信的自己。根本上它向世界所展露的，往往是宿命般的無能與消極，無法碰觸到影像最困難的核心。事實上，人的生命過程本身就蘊含著一套自我的影像實踐，無論是總督府官員或市場的販夫走卒，無不隨身攜帶著強烈而主觀的視覺評判（從身體內發出的）。處於抗爭狀態的人，應該都會散發出迷人的影像。劣勢處境裡的人，他們的眼睛在看什麼？他們如何看自己？好一場生命的內在展示。

樂信・瓦旦留下相當多的生活照，特別是當時原住民族少有的家庭照。梅茲認為，家庭式的攝影與拜物主義有關聯，[3]然而，假設拜物意味著從攝影者、被攝者的關係轉移出來，轉向一種被現代摩登光學之靈現技術所包圍的情境，那麼對於鎂光燈閃起當刻的被攝者而言，攝影無疑是一種模糊的「預先享受」儀式：在拍攝當刻，預先享受著自己將成為一個未來的主體，等待暗房技術的顯影，他的身影將被「現代」所歸檔。但這般儀式性、機械性的「預先享受」，並沒有出現在樂信・瓦旦的相片裡。我一直覺得照片裡的樂信・瓦旦，永遠有一種受困的感覺，讓人覺得遲早有一天，他會逃出家庭照的牢籠。

　　感覺上，樂信・瓦旦無論如何都會「回到」政治裡，像他的父親率領大豹社抗日一樣。因此，與其說他過去各個時期的相片是在家裡、廣島或者山地部落拍的，不如說他的一生從小到大，都是在極具政治性的場景裡成為被攝者；所有關於他的影像，也都有那個時代的政治語言。其中，讓我目光久久難以移開的，是一張具古典肖像畫氣息的照片。

　　那是樂信・瓦旦在1949年任職省參議員期間拍攝的。照片中西裝筆挺的他看起來蕭穆莊嚴，堅毅中帶著憂鬱的眼神，臉上象徵富貴的兩道北斗眉毛之間，深鎖的眉頭像是從沒放鬆過一般。他好像很少笑。反覆翻閱林日龍先生給我的樂信・瓦旦照片集，我發現，除了站在草叢前咧嘴而笑的鏡頭（這張常為後世媒體所用），以及身著醫袍，抱著襁褓中的長子林茂雄那張照片，嘴角勉強勾起一絲為人父的喜悅與希望之外，從頭到尾他幾乎都沒有真正的笑容。甚至在與日本四國望族出身的日野サガノ（漢名：林玉華）的結婚婚宴上，他的眼神也像正在聆聽訓斥的孩子一般，向內收聚於心底。

是否有一種壓抑，最後在1949年當選省議員時的那張相片中，來到了一個臨界點？樂信・瓦旦肅然的眼神似乎回望著自己流離的一生，穿越理蕃戰爭的砲火，後退到八歲時被當成人質交給日本人，受到栽培而進入角板山蕃童教育所、臺灣總督府醫學專門學校……。除了回望，真正令人感到窒息的，還是他眼神裡的決斷。我想樂信・瓦旦在撰寫《臺北縣海山區三峽鎮大豹社原社復歸陳請書》時，也是以這個眼神對著稿紙。我相信在決斷的狀態下，他「內視」的自我是消失的，而且他也可能看得見自己正在消失。

　　或許這是影像政治的最核心之處，在我們自己生命的內在展示裡，當決定與自己切斷時，當我們決定發動某種革命時，這時候身體內在的影像已經將自己泯除掉了（一種預先的自殺？）。可是，也因為如此，它會發射出無窮盡的「潛在影像」，樂信・瓦旦並不會消失，他會反覆存在於臺灣島嶼山林的天空，出現在大豹溪流域。就這一點來說，他的相片似乎再度回到了早期肖像攝影的關係：脫離自己，一方面成為帝國的一部分（總督府評議員、臺灣省參議員）；另一方面似乎遙望著那無法復歸的故土（大豹社）。

　　他是不是已有預感，再過五年他會被槍決？因而眼神中有一種攀登到山嶺最高點時，目擊真理般的了然？因此，在離心與向心的強烈辯證之中，與其通俗地說，他的眼神反映了時代的悲劇；不如說，劣勢處境的人們，怎麼樣切斷自己，透過「成為他者來返回自身」。1949年的那張肖像攝影給了我這樣強烈的辯證感。

寫真帖

　　除了樂信・瓦旦以外，大豹社事件裡關於「大豹人」的影像，

樂信・瓦旦，1949年省議員時期照片。（林日龍提供）

幾乎都是闕如的，甚至文字也是。從這個觀點來看，這是一個沒有「我方」敘事的歷史，因此也更可看出，影像生產是一種強者才能持有的特權物。

日本帝國推動戰爭的附加技術，其中一項就是擴展、膨脹影像，使其成為戰爭話語的一部分。今日，我們可以看到許多隨軍寫真班與民間寫真師拍攝的照片，除了見證的功能，一定程度應該也像今日的攝影器材運用在運動選手的訓練時所發揮的效用——這些影像說不定會成為日本部隊治理軍隊的參考。

相對於樂信・瓦旦眼神中的孤獨與決斷，日本對臺灣的諸多寫真帖，則更加展現出帝國的宏觀與全面性，甚至還有一種耽美的隱喻。徐佑驊在《日治時期「臺灣寫真帖」研究》一文中，表列了數十本日殖時期的「寫真帖」，除了觀光、土產、風俗等內容之外，關於戰爭的就有：《兒玉總督凱旋歡迎紀念寫真帖》、《臺灣蕃族及隘勇線》、《大正二年討蕃紀念寫真帖》等。[4]位於中和的臺灣圖書館臺灣分館收藏了全臺最多的日殖時期寫真帖，[5]其他還有中央研究院臺灣史研究所檔案館的「日本宮內廳書陵部所藏臺灣寫真」[6]。不過，這仍只是日殖時期影像紀錄的一部分而已。

影像作為一種檔案，雖然是寫真帖的基本意志，但我們仍可在裡面嗅到一種純然的身體狂熱，英雄主義的附身。在中研院新近整理的一批《被觀看的容顏：日本宮內廳書陵部所藏臺灣寫真》裡，揭露了大正年間日本皇室所收藏的影像[7]，其中的〈蕃界討伐與駐防視察寫真帖〉系列，網羅了殖民初期的蕃界踏查、佐久間左馬太總督的蕃地巡視與理蕃戰爭的過程，甚至也收錄理蕃戰爭期間，負責傳達天皇之命與上奏軍情的一位名為內山的侍從武官，造訪北臺灣各蕃社的記錄。在這批日方照片裡，原住民要不就像標本一樣呆立

佐久間左馬太與探險隊在合歡山登頂舉杯慶祝（《討蕃記念寫真帖》，1913，宜蘭縣史館提供）

在鏡頭前，要不就如同噤聲的小動物一般，蹲在地上馴服地聆聽日人講話。或許正因為如此，影像因而具體「說出」了一種聲帶被割除的痛楚感。

不幸的是，如果說日本對臺島居民（原、漢）的壓制，是以國族主義的優位（emic）為主的話，那麼這種壓抑並不因為所謂殖民主義的結束而流逝，反而是會遺傳的。很顯然，我們可說還沒離開過殖民的結構，只是從過去的日本殖民原、漢，到今日島內仍存的漢人殖民原住民、而臺灣人又反過來想要殖民外省人；無怪帝國主義會被說成是絕佳的企劃書。

身為「臺灣人」，我們可能從沒想過，十八世紀的大移民時代，對原住民族來說其實是「大侵入」的時代。仇視原住民族、貶抑其為原始社會的「精神分析」，早在數百年前的原漢衝突裡就已種下。至今我仍感受到，臺灣當代社會裡的原漢關係，基本上仍是從人文與人類學的 humanitas/anthropos 差異關係所開展出來的，和日本殖民時期一樣。

此外，日本書陵部檔案照片裡的日人身體，著實有一種奇怪的膨脹與熱度。佐久間左馬太總督率領探險隊在合歡山登頂慶祝的那張照片，最能體現這種慶典式的歡愉，流竄於相紙的薄膜上。攝影者與被攝者，幾乎跨過了相機鏡頭的藩籬，彼此水乳交融、合為一體，我們也似乎就快聽到照片裡傳出喊著「萬歲」的聲音了。在日本拓展蕃地領域時期，出現了如此激情的影像，並不令人意外。引人遐思的是，這種原始社會的慶典場景所散發的神性光輝，正是所謂現代社會的本質之一；從軍隊到宗教，一直到現在社會的各個階層。就像韋伯在《基督新教教派與資本主義》裡，透過加入宗教團體與人生事業成功之間的關係，[8]藉以推敲資本主義與宗教性的聯

74

結。也許因為如此，這種英雄式的慶典狂熱總是令我感到窘迫。最終，人還是孤獨的。

對比之下，或許正因為樂信・瓦旦眼神中的孤獨，我們才能在一瞬間瞥見「人」的本質。日殖時期寫真帖的英雄特質，總是給人一種不寒而慄的感覺──雖然這些照片也是「檔案」，但幾乎毫無例外地有著詭異的人造氣味，變成一個迷宮。

一向對「正統歷史」抱持質疑的海登・懷特在〈歷史學與影像史學〉一文提到，無論口述文學或攝影的影像，兩者都無法完全「反射」（mirror）歷史。影像的基本困境在於，不是太多細節，就是細節不足。前者，特別容易看得出「動員」的情況，出現設置的「場景」（set），影像的真實性因而備受考驗。後者，則是在面對長達數年的事件時，單一影像（甚至一部影片）都顯得太過於濃縮。

「不是太多細節，就是細節不足」，正是我們面對歷史影像時的困難之處，特別是理蕃時期的照片。基本上戰爭就像一齣大型劇場，演員在不同空間不約而同地依照幾個固定的模式演出。例如，隘勇線的興築、軍隊的野營、砲兵陣地的部署、長官的巡視、流汗、死亡……是誰不言自明地策動了如此多的攝影者與被攝者，將戰爭以幾乎是標準作業的方式呈現？它表面上通往最後的英雄──傀儡般的天皇，而事實上，則是回到集體象徵秩序的慾求與不滿。

病態影像

大豹社事件期間，遠藤寬哉的《臺灣蕃地寫真帖》[9]留下少許日方的影像，其中一張名為「前大島警視總長在臺北廳獅子頭山前線巡視」。1903年2月，日方決定闢建「獅子頭山──平廣坑隘勇線」，

意圖切斷大豹社的對外聯繫。隘勇線前進期間，雙方發生激烈衝突，導致日方多人死傷，文獻記載「大豹社殺死八名隘勇（皆被馘首）、殺傷巡查及隘勇各二名。」[10]事後，曾任臺灣總督府警視總長的大島久滿次，為此在山頂立了一座「獅子頭山防蕃碑」，以紀念日方的戰歿者，至今猶存。[11]

　　險峻的獅子頭山，是臺北地區抗日義軍據守的區域，與大豹社之間有著攻守同盟的關係。傅琪貽提道：「在獅頭山地名叫kato的山洞裡，保護漢人抗日份子『土匪』千餘人」、「深坑廳在此獅頭山攻防戰中，終獲摧毀漢人『土匪』在kato的根據地」等。林昭明也提到一段驚心動魄的描述：「曾隨父親打獵經過該地時，山洞附近仍舊見到滿地的人骨，可見被屠殺的漢人『土匪』人數不少。」[12]

　　後來我回到獅子頭山實際踏查，再對照遠藤寬哉的照片，陡峭的山勢與圍繞山體的之字形步道，攝影地點確實是獅子頭山。照片裡，大隊人馬站在砍伐過的森林，後面搭建了一些長方形的帳篷。按常理分析，這個地點就是當時的隘勇監督所，也就是今日獅子頭山的「隘勇石寮」古蹟。照片雖然模糊，但有著一股擋不住的亞熱帶叢林氣味，想必當時拍照的人，也被這陣山林裡蒸騰的草莽氣息所震撼。

　　遠藤寬哉另一張與大豹社戰役有關的照片，名為「臺北廳插天山方面的前進隊員」。那是1906年，理蕃部隊挺進臺北與桃園邊界的插天山脈，從林望眼社入山，上達海拔1,700百多公尺的插天山脈一帶，然後下切到桃園廳的阿姆坪，完成了全長二十四公里的「臺北—桃園縱貫隘勇線」。照片拍攝於森林裡的一個營地，前方的站立者有的持槍，有的似乎手持登山杖，隘路隱約可見木材鋪設的階梯，右邊木架上堆疊著許多鋪設隘路的原木。2017年，我帶著助手

遠藤寬哉，〈前大島警事總長大島滿在獅子頭山前進線巡視〉，1912。

H從烏來鄉福山村（過去的林望眼社）出發，重走這條鮮為人知的隘勇線。這是一條困難的山徑，沿途照例可以發現許多土牛式的隘寮遺跡，甚至可以找到過去的木材囤積場。沒想到百年以後，這些帝國侵略的遺跡還能重新出土。

攝影終究會脫離帝國的操控，滲入更細微的人性裡。我的視線停駐在成田武司的《臺灣生蕃種族寫真帖》，一張名為「隘勇警備電話線架設」的照片，那裡似乎隱約出現了攝影者：「我即影像」的預言。

照片顯示了修建隘勇線的作業過程，中間的兩個人在傳遞礙子，前景一人扛著大捆線材準備施工。右二有一持槍者警戒著，顯示仍為野戰狀態。重點是左一那位肩扛三腳架的人，以及左二那位疑似操作箱型機器的人。這部箱型機器有兩種可能用途，一種是寫真班的相機，另一種是蕃地測量隊的測量儀。照片裡這兩人似乎成了影像的中心隱喻，其他人正為著攸關性命的事務而忙碌（持槍警戒、拉線、打礙子），這兩位操作機器的人卻好像在從事一種更為遙遠的，名之為「科學」的事物。

拍攝這張照片的攝影師，選擇按下快門時的動機，固然與眼前場景的整體動態有關，但近在眼前架設這部不明機器的兩個人，必然亦是原因之一。或許是攝影師在僵固的「檔案」意識中，意外投入了自我的凝視。如果我的推論全錯（攝影師真的只是偶然地拍下這張照片），那麼作為攝像者的「我」，依然在未來糾纏著影像生產。慢慢的，隨著輕便的數位相機、手機的發明，人們開始不斷地把攝影鏡頭轉向自己，下意識將自己當成主要的攝影對象，氾濫而無意義地「自拍」，演變成為今日病態的「我即影像」。

從日殖時期的寫真帖與寫真班，到今日可高度重洗、重複記錄

上：遠藤寬哉，深坑廳北插天方面的前進隊，1912。
下：遠藤寬哉，隘勇線警備電話線架設（《台灣生蕃種族寫真帖》，1912，宜蘭縣史館提供）

帝國的凝視 1903

的數位影像，影像已經逐步離開檔案見證的階段，離開天皇、跳脫隱喻性的宗教狂熱，從而與碎片般的「我」緊緊依偎；藉由臉書等通訊平台，拓展了人類展演自我（或者深化自戀）的所謂「自媒體」的康莊大道。影像作為檔案的概念，已經愈來愈稀薄了。這是影像在概念上的變革，並率先由機器的變動所發起。

在「我即影像」裡，「檔案」的概念，被遺棄在人類發明的種種媒介化的「複我」世界中，雖然那裡空無一物。此時此刻，我還是想起樂信・瓦旦的眼神，那裡有一種「不可能」的影像展演，裡面或許深深埋藏了某種政治性，因為無人知曉而顯現出巨大。

註釋

1. 樂信・瓦旦等，《泰雅先知：樂信・瓦旦，桃園縣老照片故事2》，桃園：桃園縣政府文化局，2005，頁73。
2. 同前註，頁10。
3. 劉瑞琪編著，《近代肖像意義的辯論》，臺北：遠流，2012，頁52
4. 徐佑驊，《日治時期「臺灣寫真帖」研究》，國立政治大學臺灣史研究所碩士論文，2011。
5. 黃國正於〈用老照片閱讀臺灣歷史：國立中央圖書館臺灣分館藏寫真帖之利用價值〉一文中，引用了陳俊雄先生的分類如下：
   一、日本領臺之初的軍事活動，如《征臺軍凱旋紀念帖》等。二、風俗類寫真帖如《臺灣名勝風俗寫真帖》等。三、蕃地事務類寫真帖，如《人類學寫真集》、如《蕃匪討伐紀念寫真帖》等。四、重要工事類寫真帖建築，如《臺灣鐵道名所案內寫真帖》、《鋼筋混凝土構造物寫真帖》等。五、山岳攝影類寫真帖，如《臺灣山嶽寫真帖》、《次高山寫真帖》等。六、人物紀念類寫真帖，如《兒玉總督凱旋歡迎紀念帖》、《兒玉總督在臺紀念寫真帖》等。七、宣傳活動類寫真帖，如《始政40周年紀念臺灣博覽會寫真帖》等。八、報導寫真類寫真帖，如《南部臺灣震災寫真帖》等。九、學術研究類寫真帖，如《臺灣地質寫真集》等。
6. 分為皇族渡臺寫真帖、蕃界討伐與駐防視察寫真帖、臺灣風雨災害寫真、日本

征臺戰事專書，共計1686張照片。

7. 書陵部為掌管日本皇室紀錄資料的單位。

8. 讓‧皮耶勒‧杜蘭德（Jean-Pierre Durand）等著，《當代社會學》，蔡筱穎、郭光予譯，臺北：遠流，1996，頁73。

9. 遠藤寫真館，《臺灣蕃地寫真帖》，臺北：臺灣日日新報，1912。

10. 鄭安晞，〈日治時期蕃地隘勇線的推進與變遷（1895-1920）〉，臺北：政治大學博士論文，頁151。

11. 《獅子頭山防蕃碑》碑文為：臺灣總督府警視總長正五位大島久滿次篆額。獅子頭嶺以南圳廣坑一帶之地曾兒蕃狩獵之區，而民人輒難入也。明治35年12月，臺灣樟腦拓殖合資會社得允准始製腦於此，官因議定擴張隘勇線保護之。乃明年二月一日起工。爾來披榛莽、倒巨樹、越高嶺、跨深谷，線狀蜿蜒恰如長蛇，延互六里。以7月20日竣工。此間，董事者深坑廳警務課長永田綱明、景尾支廳長雨田勇之進，其他警部補五人、巡查五十七人、巡查補五人、隘勇二百人、他廳應援巡查二十人。閱日170餐，宿於風雨瘴癘，日侵來往於崎嶇，蕃害屢迫終能得志。嗚呼！彼在勇進困阨之裡，戰、負傷或病死者，雖不親睹，今日亦遂其志，故錄其職姓名於碑陰，永誌來茲。明治36年8月20日深坑廳長從六位勳六等丹野英清撰並書。

12. 傅琪貽，〈大料崁流域北泰雅族抗日事件始末（精簡版）〉，行政院國家科學委員會專題研究計畫成果報告，2010，頁86-89。

鬼河，與民族主義流域 2016

　　大豹溪應該是一條鬼河，墨綠色的湍流裡必定埋藏了許多冤魂。

　　「大豹」二字，除了意指「鬼芒草很多」，民間文獻裡又有幾種說法，傳說這裡住著一隻「豹精」——這個說法可能來自現在的大義橋下，有一個形似豹子下山喝水的巨岩。山岳記者兼歷史寫作者劉川裕也說過，早年鄭成功來臺北時，曾經收服了鶯歌山區會噴煙的「大鳶精」、三峽大豹溪的「大狗精」以及新店獅子頭山的「大獅精」。不過對照歷史記載，鄭成功似乎從未到過臺北。無論如何，對我而言大豹溪更像一隻受傷的動物，昔日的戰爭驅離了視此地為家的大豹社人，今日更因為過度的人造工程而失去了靈魂。

大豹溪

　　多年前曾旅行到德國的巴登巴登，這是文學家赫曼·赫塞經常前來療養的溫泉山城，以神聖羅馬帝國時期留下的洗浴場遺跡聞名，德文 Baden-Baden 即為「溫泉」之意。奧思河（Oos）緩緩流經山城邊緣，遙遙注入北方的萊茵河。

　　客居期間，由於下榻的廉價旅館皇家飯店離城區還有一段距離。

巴登巴登的奧思河

因此，每天沿河散步到城中的超市補充食物，遂成為巴登巴登的回憶。雁鴨成群，流水潺潺的奧思河河畔，人們在寬廣的草坪上悠閒騎馬、運動、看書。由於這裡的食鹽溫泉能夠治療筋骨疾病，病人赫塞還因此寫下了〈溫泉療養客〉一文。文中寫到，身為一位坐骨神經痛的患者，如果在巴登巴登遇到其他更為悲慘的病患，總是能夠帶給他無比的希望：

　　一個老婦從一家糖果店裡，像是被巨浪捲出來一樣，她的動作明顯地顯示出，她早已不想再去掩飾她的殘廢，她不再抑制自己的反射動作，她徹底利用每一種可資利用的緩和動作，運用每一種輔助性筋肉的運作，她像一隻海獅般地在街道上遊行、扭著脖子，極力要保持平衡，祇是動作慢些而已。我內心默默地向她致意，祝福她順利前進，我讚揚這隻海獅、讚揚著巴登以及我自己的幸運。[1]

　　巴登巴登也是一個被細心呵護之地。倘若外人開車來此，則必須繳交環境保護費，城內的消費項目，也內含相關的稅金。德國人對環境保護的概念具體落實在經濟分配裡，建立了環境消費者付費的模式。同時，他們對河川的監控觀念，也似乎扎根在日常生活中。有一次沿河散步時，因為目光被嬉戲的雁鴨群所吸引，在河邊駐足許久，回神以後轉身向周遭望去，忽見百來公尺外村落的幾間住戶陸續拉起窗簾，似乎村民們正在暗中度量著我這樣一位黃皮膚的外來者，會對他們的奧思河幹出什麼事。我忽然有種密謀犯罪被抓的窘迫感，只好匆匆離開河岸。
　　如今大豹溪的意象，與其說是河流，不如說是一個廉價的水上樂園，更別提像奧思河一樣有一群守護它的人。孩提時，父親經常

開著那輛中古的海拉克斯（Hilux）汽車，載全家人一起來大豹溪。我就是在這裡學會游泳的。膽子大了以後，更經常帶著蛙鏡潛入溺死過許多人的深潭，觀賞悠遊潭底的溪哥仔、台灣石賓、苦花與俗稱「狗甘仔」的川蝦虎。有一次在鴛鴦谷戲水時，身旁忽然飄過一位溺水男子，他臉部朝上，眼神翻白，嘴角泪出一條泡沫，死豬般往下游載浮載沉。不知道為什麼，那時候我一點也沒想要撲下去救他，甚至還假裝自己沒有看到這一幕。不久以後，男子被溪流中一塊巨石卡住，我遠遠望見他卡在翠綠的溪流中央，一邊嘔吐一邊甦醒過來。多年後回想起大豹溪時，一直無法忘記我曾對這位男子見死不救，那名男子一定也經歷過臨死的一刻。

後來，我在雷蒙德・穆迪的臨死案例研究中得知，人在死前的身體感知，會變得非常敏銳，有的人會經驗到無比的平靜、慈悲，平靜與睿智，沒有時間感，沒有距離感，多數受訪者表示：他們感到一種「可以存在於各處」的巧妙經驗；然後，他們會進入一個通道，通道盡頭常會出現一道光束，在那裡，他們感到完全地被愛著。與此同時，臨死者往往會浮現一種全景畫面（panorama），他們的一生以某種難以形容的方式呈現出來：

這是臨死研究的案例中我最感興趣的部分之一，臨死者在感到自己快要死的時候，會有一種完全被愛著的感覺。同時，他們會看到一個全景畫面（panorama）出現在眼前，由他們出生到臨死這一刻所做過的一切事件組成。影像不是以單一事件或短暫的序列，而是用一種很難描述的方式，「同時」呈現出來。[2]

我對大豹溪一直有股說不上來的執念，這條河流說不定會是我

大豹溪在忠義橋下，有一顆狀似大豹下山喝水的大石。

的臨終全景畫面之一。自從開始探究大豹社事件之後，每當經過插角聚落時，我都會對周遭停滿遊覽車的「大板根森林溫泉度假村」多看一眼。在我心裡，那裡一直是頭目瓦旦‧燮促的家。

小小的插角聚落，保留著早期山中市集的純樸感，街上有黑豬肉店、修理農具的機械行、滾著甜美竹筍湯的小吃店，還有那間從小到大屹立不搖、招牌上標明著「黑豬肉香腸、代辦烤肉用具、流行泳衣食品百貨」的自立便利商店。大馬路下方有一條鮮為人知的狹窄老街，這裡不賣刮痧板、排毒按摩鞋、塑膠蛇、杏仁粉與炸臭豆腐，只有午後暖陽下躺著的許多街貓，任時光靜靜地在街角流過。

根據統計，2000到2011年有四十六人在大豹溪戲水溺斃，甚至曾創下一天發生二十七起溺水事件的全國紀錄，有幾個河段更因此被冠上「死亡谷」、「死嬰拉窟」、「奪命石」之名，大豹溪「鬼河」之名不脛而走。[3]

為什麼這條溪有那麼多人溺死？游牧笛從地理分析的角度切入，試圖提出「水鬼抓交替」之外的看法。他認為，大豹溪流域厚層砂岩與頁岩混雜的地質特性，造成河川侵蝕作用不一，因而產生許多河底洞穴，潛藏的渦流與潛流使得溺水機率上升。[4]特別在主流最狹窄的十八洞天一帶（此處河面寬僅五公尺），每當山洪爆發時，河水就會漫溢出來，不斷刻鑿沿岸長達三百公尺的岩層，使得岸邊蝕刻出凹凸的河蝕壺穴群，如地獄一般的奇景，人稱十八洞天。

有一次我在陰鬱天氣下前往探訪，看見十八洞天地獄旁的水泥小屋，潮濕壁面貼著一張豔黃的海報紙，上面用毛筆寫著「稟告：南瞻部洲中華民國臺灣淨土十八洞天」。那是「南投縣國聖鄉福龜村禪機山仙佛寺」舉辦水陸法會的昭告，希望溪裡的孤魂眾生在法會期間前往仙佛寺聽聞佛法。梵語「瞻部」（jambu）是閻浮樹的意

上：插角的老街與貓，下：十八洞天

上：大豹溪上游樂樂谷一帶，下：位於三峽駱駝潭的長城溪樂區（荒廢時期）

思，在印度教《往世書》的典故裡，「南瞻部洲」既指地球，又是人類的起源。

在今天，十八洞天怪石嶙峋的坑洞，已被不同的人們「分階段、分梯次」塞滿了各路神佛，有地藏王菩薩、玄天上帝與太上老君等，可以算得上是「巖仔」（gâmá，臺語）的信仰之一。臺灣近郊的山野，幾乎只要稍具規模的岩壁、山洞，都會被「充分運用」來供奉各式各樣的神祇。

中研院林美容便指出，「巖仔」屬於正信佛教所不承認的民間佛教系統之一，是閩南地區佛教民間化的現象。[5] 但是從「巖仔」在臺灣的現象看來，佛教信仰不僅民間化，而且業已入山化，甚至有往高海拔發展的趨勢。

十八洞天的神佛因為乏人問津、缺乏整理，看起來像是被遺棄在地獄一般。事實上，臺灣許多小型的「巖仔」通常是人們一時興起而設立，常因後續無人照顧，神佛似被孤苦囚禁在冰冷岩縫裡經受風吹雨打，面容憔悴。

民粹工程

馬克思·韋伯認為，宗教行為（特別是救贖意義的宗教）根本上並不是在「禮拜神」，而是在「強制神」。人們出於救贖的動機而對神呼喚，嚴格來說不是祈禱，而是一種對神的咒語。[6] 從這個角度來看，宗教團體夾帶著宮殿般的建築，進入山區不僅是為了個人私利，強制將神搬到荒野、囚禁在石洞裡，更是對土地的咒語。

我們不難發現，今天的土地開發也已經進化為披著心靈環保及防災的外衣的新類型「民粹主義」。二十年來，光是大豹溪的變化，

都可以拍成一部像《現代啟示錄》的電影了。現在的大豹溪流域，觸目所及是一片水泥化的「水利工程」，到處是駁坎與攔砂壩。自然學者陳玉峰指出，攔砂壩雖暫時解決了土石流的問題，但長期看來，反而是將上游的土石累積起來，一場大雨下來，土石將會以「零存整付」的方式反撲。[7]對於這些一錯再錯的治水政策，他淺白地以一個笑話點出：

　　管理員把袋鼠圍牆一直加高，但袋鼠還是一直跑出去。有一天袋鼠跟長頸鹿聊天，長頸鹿問：「你的圍牆還會不會再加高？」袋鼠說：「看起來會再加高，如果他們老是不關門的話。」

　　整治、復健……這些中醫診所才看得到的用語，如今廣泛出現在河川的工程標案裡，成為諷刺的文學修辭。臺灣島的前身是海溝裡的沉積岩，菲律賓海板塊於650萬年前開始擠壓，歷經四百萬年的推擠，島嶼才慢慢地浮出洋面。[8]猶如一位母親歷經四百萬年才生出一位孩子，分娩的陣痛期之長，怎麼不令人起惻隱之心？現今臺灣的自然生態至少已經演化了250萬年。人類活動大量介入山林，則是近百年來的事。說來很驚人，我們僅用了孕育出目前島嶼生態250萬年時間的25,000分之一——相當於一天之中的三到四秒，就讓山野自然遍體鱗傷。

　　從日殖時期「農業臺灣、工業日本」的策略，到國民政府以外貿市場作為山林農業發展的方針，於1960年代開始竭盡所能地砍伐山林；1990年代則進入了所謂「後現代」的渾沌開發時期，山林成為永恆的「次殖民地」——正如陳玉峰所提的：「解嚴、自由化、國土正式全面大潰決、價值虛無化、傳統已隨土石流流失。」[9]

自從閱讀了陳玉峰近年來沉痛指控臺灣山林政策的著作後，我開始仔細觀察，「人執」究竟為這片自然山野帶來了什麼。水泥化工程不僅是官方的專屬，連民間也擅長於此。過去進行「廢墟」調查時，曾一度闖進三峽一帶的駱駝潭。那裡有一座1980年代興建的「長城溪遊樂區」荒廢著，橫飛直豎的水泥構造物，時而插入駱駝潭、時而嵌入山壁，比起大豹溪，這裡更像鬼片的拍攝現場。

直到現在，山林政策依然存在許多荒謬之處。例如，1996年賀伯颱風之後，執政當局推出「獎勵造林實施要點」，編列條例，鼓勵全民造林；而實際上政府做的卻焚燒掉原生的「雜木」森林，改種植單一樹種（如柳杉、肖楠、扁柏、桉樹等）。2002年，地球公民基金會執行長李根政曾在屏東縣大漢林道檢查哨旁，發現一塊三公頃面積的焦黑山地，原來是林務局為鼓勵全民造林，允許發包商焚毀原生的相思樹、雀榕林，然後重新「造林」。荒唐的是，許多低海拔造林的樹種仍以相思樹、茄苳樹為主。如此「造林」，等於是把樹砍掉後再種下相同樹種的幼苗。[10]這種做法，實際上是以溫帶國家的山林思維，強行套用在亞熱帶的臺灣，而學界則扮演為政策背書的幫兇。

人為的過度整治，忽略了自然界自我修復的強大能力。例如，大豹溪經過幾年的封溪復育之後，連消失三十多年的毛蟹（日本絨螯蟹）都不知從哪裡重新爬了出來。想必有一些毛蟹的「遺族」躲過了人類的捕撈、電溪，三十年來默默生存在陰暗隱祕的角落。此外，陳玉峰也曾在許多地方做過同一個實驗：分別標定一公尺平方的自然野地樣區，然後觀察植物如何生長、附著，結果發現，經過一段時間以後，各個樣區幾乎都可以冒出一萬株以上的野生植物。再次驗證：人造林並不是適切的做法，只是在躁進的民粹主義操作

下，人們無法花時間慢慢等待自然界的自我回復。

環境民族主義

大豹溪流域，或臺灣許多山川溪流的現況，無疑就是一部多重殖民的現代史。是否有一個方案，能從原生的民族主義裡，找出人與土地間最初的互動結構（情感流動、勞動交換、永續經濟……），並重新實踐在今日殘破的山水之間？在原住民族的文化與自然觀念裡，上述問題，已經有了答案。

近年在擔任文化部的藝術與空間相關案件的評審期間，一直希望推動臺灣的藝術與空間介入，在實作層面有更廣的討論，只是多數案例還是流於形式主義及「為計畫而計畫」，直到花蓮大港口部落的那高・卜沌（Nakaw Putun）提出部落藝術計畫，才終於看到令人眼睛為之一亮的佳例。

曾經在國家文化藝術基金會工作過的那高・卜沌，返回她的原鄉阿美族（Amis/Pangca）大港口部落後，開始思考以藝術為媒介，從事部落的記憶保存及展演。2016年的「藝術pakongko──交錯」計畫裡，他們將幾件大型裝置作品設置在石梯坪海岸，那是一片被東部國家風景管理處（東管處）所侵佔的傳統領域。協助審查期間，我對那高・卜沌用藝術行動觸及敏感的傳統領域問題，一直採取鼓勵的立場。我認為，藝術應該挑戰的就是生命政治以及空間政治。

參與計畫的藝術家中，撒部・噶照（Sapod Kacaw）用泥土修築了一個大型蟻窩，取名《823螞蟻窩》。823是這一帶的地號。撒部・噶照說，有些部落老人回到這塊祖傳耕地「看作品」時，激動地流下眼淚。這也是幾年來我看過最動人的，藝術「介入」空間的案例。

「藝術 pakongko──交錯」，撒部・噶照，《823 螞蟻窩》

據側面得知，他們已經與東管處談判出一個暫時的結果，將這塊地與隔壁的529號地，合併為823藝術村，藉藝術文化的名義，暫時取回土地使用權。

從原住民族傳統領域「轉移─流失」的過程，可以看出臺灣山林至今根本沒走出帝國殖民的結構。如果不理解山林產業中複雜的戰爭掠奪、公司化的移轉關係，又怎能更深地理解這塊土地上受創最深的原住民？2017年原委會草擬的「原住民族土地或部落範圍土地劃設辦法」，將上百萬公頃的原住民私有地排除在傳統領域的法定界線之外，再度引起話題。在一個機緣下，我來到凱達格蘭大道抗議「露營區」的棚子裡，與歌手那布（Nabu）聊了幾句。像是看盡了掠奪與謊言，他連連說道：「臺灣人應該優雅一點。」

就這點來說，蔡英文總統僅以「元首的身分道歉」，其實是沒有意義的，並沒有正視上述問題核心。而由總統府轄下的「總統府原住民族歷史正義與轉型正義委員會」所提出的，原住民土地、文化、語言、歷史等四大項目的議題，基本上都是需以十年為單位的長期奮鬥，能否跨越臺灣政黨輪替「朝令夕改」的現象？非常令人質疑。

原住民一再失去土地而累積的歷史仇恨，具有強大的暴力潛能。然而，他們並未採取極端的報復行動，而是透過文化與記憶的重建，慢慢從文化情感及自我認同的再造做起，即使是上凱道抗議，他們仍然選擇苦行一般的露營，展現著他們特有的優雅。

註釋

1. 赫曼・赫塞（Hermann Hesse），《孤獨者之歌》，臺北：志文，1986，頁215。
2. 節錄自紀錄片：「死後的生命」網站。

3. 游牧笛，〈新北市大豹溪之河道地形與遊憩環境分析〉，師範大學碩士論文，2014，頁 29-30。

4. 同前註，頁 55-64。

5. 林美容，〈臺灣的「巖仔」與觀音信仰〉，臺北：臺灣佛教學術研討會論文集，1996，頁 189-190。

6. 柄谷行人，〈普遍宗教〉，《世界史的構造》，林暉鈞譯，臺北：心靈工坊，2013，頁 268-269。

7. 陳玉峰，《敏督利注》，高雄：財團法人淨心文教基金會，2005，頁 24

8. 陳玉峰等著，《山災地變人造孽：21 世紀臺灣主流的土石亂流》，臺北：前衛，2012，頁 19。

9. 陳玉峰，《敏督利注》，高雄：財團法人淨心文教基金會，2005，頁 27。

10. 李根政，〈揭露「全民造林運動三部曲」〉，《山災地變人造孽》，臺北：前衛，2012，頁 239-242。

眠腦

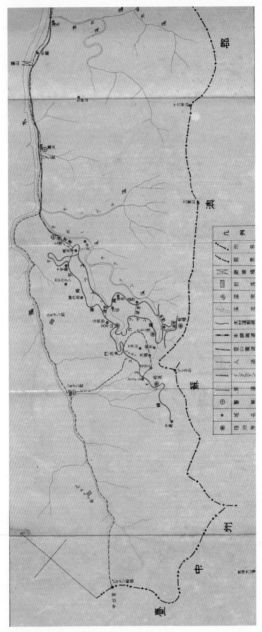

十萬分之一《太平山登山案內》地圖（日本總督府營林所，《太平山登山の栞》，陳永文提供，宜蘭縣史館典藏）

加羅山神社 1915

宜蘭濁水溪兩岸堪稱本島森林資源的精華所在，極富開採價值，為增加國力，該流域之開發是刻不容緩的急務。

——中里正與矢田英

太平山登山案內

眠腦（Minnao）是泰雅語「林木翁鬱」之意，也是泰雅族溪頭群（Mnibu'）的傳統獵場，日殖時期則成為總督府營林所管轄的舊太平山林場。林場伐木範圍以多望溪左岸的山區為主，以土場、四季兩端入口的警察駐在所來管制，並且透過密集的網狀森林鐵路，源源不絕地將深山老林裡的檜木運送下山。

為了作業所需，日方在今羅東林管處第75林班一帶的密林裡，修建了一個大規模的聚落：太平山，聚落內有神社、國小、雜貨店以及旅社（泊宿所）。這個太平山聚落距離今日的太平山國家森林遊樂區，還有很長一段距離，是早期伐木的核心。

從營林局出版的《太平山登山案內》地圖，可看出當時太平山區聚落群之浩大。沿著鐵路，北起土場，經樫木平、十字路、神代谷、

紅檜（山本三生，《日本地理大系：臺灣篇》，1930，中村靖夫提供，宜蘭縣史館典藏）

日向臺，一直到中心地帶的太平山主聚落；過了太平山以後，路徑向南分為兩路，一條路直探多望溪游（タモソ溪）源頭的見晴，另一條則鑽入更深山的中尾。兩條路線上，分布著門之澤、源、栂尾、追分、峽月與嘉羅山等聚落，並還開設了五間深山旅社，供旅人宿泊。地圖上方，沿著蘭陽溪岸的道路，則是興築於1921年，用來討伐溪頭蕃的埤亞南越嶺警備道。從登山「案內」這樣的標題，顯見當時的眠腦山區不僅伐木，也成為日本觀光客登山健行的去處。

眠腦豐富的檜木資源，早已引起了日方的覬覦。1908年總督府即已派出調查隊，針對原住民部落、森林、水文與礦產等進行調查。1909年，溪頭群的前山五社與日方達成和解，允諾開鑿宜蘭員山到埤亞南（今日的宜蘭縣大同鄉南山村）的道路。1912年，日本組織討伐隊，鎮壓經常「作亂」的溪頭群馬諾源社（位於今日的四季平臺一帶），同時一併佔領四季社與埤亞南社，於四季蕃務官吏駐在所設置三吋速射砲與七珊山砲各一，凶悍的溪頭群從此被約束於日方的控制之下。[1]

事實上，早在警備道開通之前，營林局已開始砍伐眠腦一帶的檜木。第一批木材於1917年運出，透過蘭陽溪的天然水力「管流」到數十公里外的員山儲木場儲存，敲下了太平山伐木的第一聲。

不過，就如三井貪婪地砍伐大豹社的樟樹一樣，太平山的巨型紅檜、扁柏，也在短短二十年間，被砍伐殆盡。1937年起，日本將伐木重心轉移到五、六公里外的萬石山區，繼續開採臺灣的原始森林，並興建新太平山聚落群，也就是今太平山國家森林遊樂區旅客服務中心的所在地。舊太平山的伐木聚落逐漸荒廢，靜靜躺在中央山脈的密林裡，隨著時間緩慢地風化。這些聚落如今變成什麼樣子了？我決定前往這片迷霧森林一探。

加羅山神社 1915

單攀

　　我的目的地，是座落於舊太平山聚落裡，古老的加羅山神社。入山前一夜，住在留茂安部的「太平山背包客」民宿，主人是一對來自臺北的夫婦，丈夫退休前，在木柵一帶駕駛公車，兩人形同拓荒者一般，住在洪荒的蘭陽溪畔。或許當晚只有我一位客人，也可能是山上的日子太寂寞了，夫婦兩人一直巴著我聊天，雖然我只想要有一個清靜的夜晚。當老闆問我來這邊做什麼的時候，我僅隨意回答道：「上山拍些照片。」老闆就不再接話。隱約看見他的眼中閃過一絲不安。

　　這樣的眼神，我並不陌生。臺灣幾乎每個月，都有一件山難死亡的紀錄，每次辦入山證，警政署也總會在回覆的信件裡附註「盡量避免單人登山」，但我還是單人登山。

　　雖然對於一個人困在山中而孤寂死去，多少有些心理準備，也想過在山裡怎麼寫遺書；但是作為家庭的經濟支柱，有著嗷嗷待哺的母親妻小，每思及此，我還是老實地打開七十五公升的登山包，清點所攜之物。裡面有地圖、指南針、登山用GPS、頭燈、高山寒地瓦斯、爐頭、炊具、糧食，另外還有五公升水袋、睡袋、充氣枕頭、防寒羽毛衣、備用衣物、單人帳、登山繩、小鏟子、鋸子、藍白帆布、雨具、野外求生小刀，加上緊急狀況用的口糧、急救藥品、毒蛇咬傷器、哨子、鋁箔露宿袋，還得加上現代人無法割捨的3C產品如手機、電池、Canon單眼相機、外接監視器，以及最重要的——一把米與一把鹽……加起來超過三十公斤。像飄浮在太虛之中的太空人身上可憐的維生系統一樣，這只巨大的行囊似乎僅是為了萬一迷失在山裡時，能讓自己多活一時半刻而準備。

幾乎只有城市人會在山裡迷路，很少聽到原住民困在山中。我曾問原住民朋友，有沒有聽過族人在山上迷路的案例，原住民朋友不可置信地搖頭說，哪有可能！他們總是一把鹽一把米就能穿山越嶺。記得國小時，父親常在酒後跟我們兄弟談起特種部隊受訓的事情。當時他和一位綽號「水溝仔」的阿兵哥被命令只帶一把鹽一把米，入山五天做野外求生訓練。他滔滔不絕地說著山上求生的趣事，我在一旁靜靜聆聽，時而咧嘴微笑。當時並不知道，聽父親講的這些鹽和米的事，有一天會成為我入山的重要準則。

　　對原住民而言，山是天然的菜市場，是祖先的家，有人會在自己的阿公阿嬤家裡迷路嗎？我想起了張博崴事件。2011年就讀於中山醫學大學的博崴，因為獨攀山界公認頗有難度的白姑大山，誤入歧路而迷失在重山峻嶺裡。為了脫困，博崴選擇了下切溪谷的危險決定，犯了臺灣登山的大忌，最後困在北港溪上游一處峽谷，外界在五十餘天的搜索後才找到屍體。根據生命跡象判斷，博崴迷路後獨自在山裡存活了至少三十多天，死去時身邊還有糧食，顯然不是因飢餓而死，而應是失溫所致。

　　該事件最具爭議之處在於，南投縣警消動用數百名搜救人力，在五十一天的地毯式大規模搜山後，仍一無所獲，最後在民間搜救者黃國書先生的綜合判斷下，僅以兩天的時間，就找到博崴的屍體。身為局外人，無從置喙於上述經歷的複雜轉折，博崴的父母親則在痛失愛子後，轉而致力於臺灣的面山教育，爭取國際救難系統PLB（個人遇險信標衛星定位器）在臺灣開放註冊。一連串的無私奉獻，令人動容。「博崴媽媽」，也從此成為保護登山者的溫柔化身。

　　2016年接到一封陌生邀請函，邀我去豐原消防隊參與「面山教育與救難機制國際論壇」，為學員們講述一些日本帝國理蕃的歷史。

加羅山神社 1915

邀請者正是素未謀面的博崴媽媽，基於支持之意，即使對這樣的主題完全沒有把握，我還是一口答應下來，並盡全力準備。後來在豐原見到博崴媽媽，她就像一位平凡的母親，也許因為經年的憂慮與奔走，她的面容略帶臃腫而粗糙。

博崴往生以後，她控訴南投救難單位搜救不力，希望藉司法判決來刺激臺灣的山難救助機制更趨完善，創下臺灣司法第一次判處搜救單位因搜救不力而需賠償的案例。但是，此作為並未獲得山友的廣泛支持，反而引來批評，博崴因為缺乏經驗、獨自進入白姑大山，必須為自己的死亡負責。面對批評，博崴媽媽也一路挺了過來。

課堂後，我向她請教先前看過的一張令人困惑的照片。那是博崴生前用石頭壓在臨死現場的白紙，應該是遺書。我問博崴媽媽那上面寫了什麼？一旁的博崴爸爸張俊卿，同樣因長期的精神煎熬而有著一張皺紋密布的臉，他一面遞給我一張好像反覆被退回而變得皺爛的「臺灣登山教育推展協會」名片，一面說：博崴的遺書因為雨水浸泡，發現時已經是一糊紙漿。

我很好奇，在寒冷的北港溪上游河谷裡，知道自己快要死亡時，那團白紙裡面，他究竟寫下了什麼？

嘉平林道

人在寫遺書的時候，文字的文學性究竟還有沒有意義？博崴在遺書上會怎麼遣詞用字呢？腦中帶著這些奇怪的問題，我離開公車夫婦經營的民宿，踏上加羅山神社之旅。

神社的登山口，就位於留茂安部落原住民射日雕像的「入口意象」對面。由於坡度陡峭，一踏入登山口馬上就面臨身體的撞牆期，

我就像一隻綁著沉重鉛塊的大蜥蜴，手腳並用地攀爬在泥濘土路上。眼前盡是桂竹林，穿越這片東倒西歪的天然路障時，腦中不時浮現林克孝先生探勘宜蘭的流興部落遺址時，在十八銅人陣般的桂竹林奇景中受困的場景。在《找路》這本書裡，林克孝形容重裝穿越桂竹林的滑稽感：「不知道應用鑽的還是爬還是砍還是踩還是跨還是撞還是繞才能通過這種倒竹陣」[2]，跟隨在旁的林克孝妻子 Yen 回憶那段艱辛的過程時說，穿越東倒西歪的桂竹林時，心中繚繞著的是：「報應啊！報應！這一切都是報應啊！」

桂竹林蔓生於臺灣的山野。林業試驗所的陸象豫提及：「（桂竹）絕大多數為純林，面積約 43,770 公頃，佔竹林總面積 97.5%……具有生長快速、生長期短、自我更新能力強及高生物量等特性，是早期重要的經濟作物。」[3]以這種速度和生長力，桂竹林總有一天會吃掉臺灣大多數的原生山野，到時候臺灣每一個縣，都應該有個鄉鎮叫「竹山」。

雖然桂竹是一種排他性極強的植種，卻也為相對貧瘠的山區創造了不少收入。全臺灣有 43,770 公頃、相當於一·六個臺北市面積的桂竹純林，若以一平方公尺一年產出五支桂竹筍的保守估計量，一年至少產出二十五億支桂竹筍。再以一支二十五元估計（市場上常見四支一百元的售價），桂竹筍一年的產值高達 750 億新台幣，大概可以向美國買十架 F-16 戰機，剛好編成半個中隊防守花蓮。

二十五億支桂竹筍，除以島嶼的平均人口，每個人平均每年可以吃到一百根桂竹筍。若以每支三十公分的長度計算，將臺灣一年所產的桂竹筍全部連接起來，長度可達七十五萬公里，大概可以從地球來回月球一趟……

就這樣，攀爬在濕滑的土路上，身上三十公斤登山包不時被歪

加羅山神社 1915

斜的桂竹卡住，身體滑倒如同人生際遇的永恆不順之際，我腦中盤算著關於桂竹的各種無聊計算。我恨桂竹林。泥濘的竹林裡，垂直陡爬了約七百公尺，穿越日本總督府山林課所樁定的「山」字碑後，終於接上了海拔 1,600 公尺的嘉平林道。這條國民黨政府接收太平山後的重要伐木線，雖然荒廢了數十年，林道基本上仍保存良好，路寬大致維持二到五米之間，損毀較嚴重處也能讓單人通行。

由於人跡罕至，優美的林道上出現了新鮮的獼猴糞便，點點綴綴綿延了一公里左右，像人的糞便一樣臭。山羌狗吠般地「啊—啊—啊—」聲，從遙遠的密林裡傳來，森林因為陌生人闖入而括起了警報系統。接著，眼前出現驚走跳逃的活體山羌，像一塊死往密林裡鑽的黃色肉塊；各式各樣的飛鳥從悶鬱的亞熱帶叢林裡散逸而出。此時，就算張貴興小說中經常出現的神祕象群、婆羅洲大蜥蜴、叼走妹妹怡君的鱷魚，以及北加里曼丹馬共最後殘部的揚子江部隊從草叢中爬出來，也不意外。這是一個「您撥的號碼目前無法回應」的區域，崩塌的路面時而浮現早期苦力所興築的木馬道遺跡，林道的土壤裡應該藏有林班工人的汗與淚。

那天，陽光穿越中高海拔的盛行雲霧帶，瞬間照亮了伐木後的紅檜再生林，讓樹梢的綠顯得如此純白，像一首無聲而聖潔的詩歌。光影掠過夢一樣的森林，明亮而發光的林道，落在有著東京某個公園名稱的「神代池」，那裡是今日林務局的「嘉蘭造林區」。

由於日久失修，嘉平林道被許多橫倒的檜木枝幹阻隔，平添了穿越的困難。不久後，桂竹林的惡夢又再次浮現。每跨越一道障礙都必須像牛一般坐在樹幹上喘息許久，酸痛的肩膀才能再次扛起背包繼續前進。隨著體力嚴重耗盡，我像被自己單薄肉體所擊潰的人一般，只好在下午四點宣布投降，在一處剛好能夠容下一頂單人帳

上：往嘉平林道途中的大片桂竹林，下：嘉平林道，地面木條為早期木馬道

加羅山神社 1915

的小平地提早紮營。提早紮營的好處是，可運用的時間變多了。可是在那麼深的森林裡，多出來的時間又會變成災難。這裡沒有平地社會的時間、沒有隨時可以補充香菸與咖啡的7-11。山上的時間是屬於萬物的，屬於一片空盪盪的虛無。反過來說，萬物也只有在山上才能具足地存在。而我則像是世界的邊緣人一般，徘徊在森林萬物的時間周邊。

此次從留茂安部落上登加羅山神社之行，最終因為體力不濟，沒有到達目的地。期間曾索性在山上多紮營兩天，輕裝前往神代山與神代池一探。

過去神代池是用來儲存伐木的水池，而海拔1,566公尺的神代山，偌大的山頭如今只剩下成千上萬巨型檜木的殘根，覆蓋在有地球最古老植物之稱的松蘿之下。這些殘根因為還在不斷成長，根柱慢慢突出地面、朝向天空，好像一根一根的腳，扭曲造型有如宮崎駿卡通裡的廢棄機械兵團。

當年無數上山開拓鐵路與伐木的工人汗水裡，那麼多的尿素、氨與氯化鈉，應該足以讓眠腦山區的土壤與水池都帶有鹹味。伐木若持續到今天，神代池會不會成為高山的鹹水湖？湖裡說不定還會演化出一種神祕的鹹水魚類？

神社

幾個月後，我改從臺七甲線更上方的四季部落，再次入山，希望能親眼一睹加羅山神社。

越過四季林道的鐵柵門，順著熱門的加羅湖群登山路線，抵達海拔1,300公尺的廢棄的林務局管制所，稍事休息後繼續跨越加富納

上：鳩之澤（仁澤）索道（《羅東郡大觀》，1937，陳永文提供，宜蘭縣史館典藏）
下：加羅山神社，御神座遺址，上面堆滿各式碗盤、瓷器、酒瓶與金屬水壺。

加羅山神社1915

溪，終於從反方向接上了嘉平林道。

　　林道地面同樣綿延著木馬道的遺跡，路面雖平整，目標卻遙遙無期。重裝行走了八公里以後，體力再次嚴重耗盡，精神也開始像吸了迷幻藥般恍惚。看了無數次手上的GPS裝置，想知道究竟還剩多少路要走，疲累的身體必須靠登山杖來支撐前進。最後，終於在一處老樹纏繞的泥濘路上折斷了手杖，我滑倒跌在盛行雲霧帶的高山密林裡。抬頭仰望飄起冰冷細雨的檜木林，不禁詛咒起生命，心底再次發誓，回平地後一定要徹底戒菸了。

　　就在肉體與精神幾度在死死生生間徘徊時，無意間繞過一根巨大的檜木殘根之後，像中了樂透彩一樣，偌大的加羅山神社遺址忽然在眼前展開。神社位於昔日太平山聚落的制高點，從佐藤綾子拍攝於1929年的照片看來，神社前廣場同時也充作當時太平山國小的操場。照片中還有數十位孩童正在做體操，很難想像如此深山裡，居然有這麼多人。

　　加羅山神社的落成（鎮座年）是1918年，主要分為三層平臺，昔日祭祀天照大神與北白川宮能久親王的御神座依然存在。日本神道教神話中，天照大神是掌管上天（天高原）的太陽神，被奉為日本天皇的始祖；而曾經擔任近衛師團師團長的北白川宮能久親王，則因死於乙未戰役期間而被神格化為神祇。根據粗略統計，日殖時期官方認定的神社裡，主祀或並祀北白川宮能久親王者近乎三分之二，其殖民之意味不言可喻。

　　御神座遺址上堆了許多玻璃酒瓶、瓷碗、金屬水壺，還有一些用途不明的小型陶瓷罐，顯然是山友從遺址附近收集而來的，並有一個長達二十八階的階梯（或稱為石段），淨手池也保持相當的完整度。神社前，分隔著人界與神界的鳥居已經傾頹，巨大橫木斜躺

在水泥地面。鳥居「結界」的功能已經消失，一如帝國的崩潰。

　　據說太平山聚落除了神社以外，也有一處墓地與御寺，用來暫厝客死異鄉的日人。御寺早晚有和尚誦經，安撫客死異鄉的靈魂。此外，即使今日已經重新被森林所覆蓋，但整個聚落從神社一直到山下通往日向臺（過去另一個伐木聚落）的軌道站間，尚存數十處遺址，可以判斷當初太平山聚落規模之大。

　　根據統計，1926年時聚落有六百多人居住，由於是警察直接管理的「蕃地」治理形式，因此整個伐木區域有數間駐在所，由於天高皇帝遠，治安良好，因此警察的工作十分輕鬆，是一個「沒有村鄰組織的山城」。[4]

　　來到這裡不禁感慨，應該有人好好記錄下整個荒廢的太平山是如何壯觀，應該派建築師來測量這座廢墟，請畫家來畫，甚至讓詩人來寫詩，或許我們會因而發現，原來這個世界正在運轉的這一切，某一天都將成為如此巨大的遺憾，這樣也就夠了。

樫木平

　　加羅山神社的探勘之行後，為了多了解眠腦山區的現況，我決定再次從北端的土場（日文音近似「滷肉」）一帶入山，探訪眠腦山區另一個伐木重鎮：樫木平聚落。

　　前往樫木平的路，如今只能依循少許山隊自行開發出來的冒險路徑，而起點正好就位於已經崩壞的鳩之澤溫泉步道終點。鳩之澤舊稱「仁澤溫泉」，開發於日殖時期，今日的溫泉區跟我小時候的印象約略一致，95℃的純淨溫泉以及差不多一樣爆滿的觀光客。還好陸客少了許多。

加羅山神社 1915

上：日殖時期木材由樫木平索道運往土場（李三吉提供，宜蘭縣史館典藏）
下：加羅神社舊照（佐藤綾子，1929）

傍晚時分，車停妥後，我背著登山重裝穿過正在鳩澤橋前用手機互拍的一對重機情侶。穿著皮靴的女生撥了撥頭髮，對男生說：「幫我拍一張。」而梳著偶像劇髮型（髮中還有金色挑染）且穿著緊身皮褲的男生對女生說：「啊，幹！這麼暗怎麼拍。」我就在逐漸灰暗的天色中，繞過這些男女屁話，用「森林歷史調查員」的假身分，繼續瞞過不遠處國家森林管理處的施工人員，爬過掛有「禁止進入」牌子的柵欄，像一隻奔向山野的中年陸龜，緩慢攀上杳無人煙的樫木平聚落。

跨越柵欄，則是另外一個必須掄起草刀闢路的蠻荒之地。這裡蕨類的數量與種類，茂盛到讓人以為回到了侏羅紀世代。山羌在蕨原裡跳躍前進，姿態非常優雅，乍看之下像鳥類的滑翔。來到這裡，恍如跨入鳥居所隔劃的神人分界一般，進入日本神武時代的森林。

在舊太平山伐木時期，日本人首先在樫木平架設了掘田式索道，如此一來，便可跳過複雜多變的地形，以騰空吊索的方式將檜木直接垂降到下方的土場，因而解決了伐木場最棘手的木材搬運問題。現在聚落依然保存了數層大型的階梯式石砌駁坎，最高的有三米以上，另外還有許多一般房屋規模的石砌地基，以及一些殘存的水泥構造物。遺址上到處攀附著刺人的老黃藤，似乎不太歡迎我這位不速之客。

在高低起伏的中海拔山林裡，能夠建造出這片面積幾達半個臺北自由廣場的大聚落，實在是個奇蹟。站在這裡，我幾乎都快要聽到，在太平山的相關文獻裡，仰東洋南先生為〈太平山小學校歌〉所譜的歌詞：「它有昭和的宏業，等待去完成。」然而，在這片整整被遺棄了八十年的山野聚落裡，只有靜謐，像從土地裡慢慢長出來的恐怖音符……。這裡是如此安靜，以至於鳥兒似乎都停止了鳴

加羅山神社 1915

上：加羅山神社略圖，下：樫木平聚落略圖

叫。散落地上的日本清酒瓶以及古老的雨鞋，更增添了一種空無的恐怖。

　　我像幽靈般漫步在樫木平聚落，慢慢感受到，在這裡甚至連視覺也被迫取消了。我在這裡很難輕鬆地「觀看」，所有客觀的「田野觀察」，都被籠罩在某種更高位階的、被觀看的壓迫中。整個樫木平聚落遺址，像是殘膠一般地仍黏附著日本殖民者所遺留下來的凝視。而聽覺，更多我所聽到的似乎只剩「無聲」，這裡正上演著一場以無聲為主軸的劇場。從日本人離開這裡之後，這齣無聲劇場一演就是八十年。

　　日本人離開之後，橫亙在中央山脈北端的舊太平山聚落遺址，及龐大的伐木森林，可用一塊「去領域化」後的土地來看待。去領域化的同時，也有可能是另一個「再領域化」（reterritorialization）的過程。目前，部分的太平山已經再領域化為生態觀光用途，而這一大片遺址，包含了數條鑽入山脈深處的森林鐵道殘軌、星羅棋布的聚落，乃至於消失的伐木記憶、日本帝國鎮壓眠腦山區的溪頭群原住民……或許還有對國家治理山林的軌跡重新做出標定與探討，可能都是下一個階段的重點。

　　以樫木平聚落遺址而言，層層疊疊細膩的建築配置，不得不令人對日本人佩服，居然能夠將建構臺北城的棋盤式現代城市的規劃縮小，帶到如此深峻、連我這樣對登山不算肉腳的人都幹聲連連的陡峭山嶺。在城市人不願意進入的山區，那樣一座宏偉的海市蜃樓，它也不願走入城市。

加羅山神社 1915

註釋

1. 吳永華，〈埤亞南越嶺警備道宜蘭段初探〉，宜蘭：宜蘭文獻雜誌，1995，頁5-6。
2. 林克孝，《找路：月光、沙韻、Klesan》，臺北：遠流，2010，頁115。
3. 陸象豫，〈臺灣地區桂竹林及莿竹林水文特性研究〉，《林業研究專訊》第18期第1號，2011，頁30。
4. 林清池，《太平山開發史》，宜蘭：浮崙小築文化，1996，頁202。

交通 1921

對於侵略性的蠻族來說，戰爭本身就是一種正常的交通型態。

——卡爾·馬克思

　　在一片歷史的靜默之中，我認為有必要回到原點，釐清太平山林場開發初期的情況，我相信，其中必然隱藏著某種聲音。

　　在日殖時期，太平山的檜木產量居全臺之冠，每年平均產出三萬多立方米的木材。日本如何將鐵路、林道，開進眠腦的山野？特別是這裡的泰雅族溪頭群（Mnibu'），向來以兇悍著稱，這中間發生了什麼事？

開路

　　馬克思認為，戰爭是一種交通型態，而帝國主義者，本質上是一種現代蠻族，透過戰爭來擴張自己的交通網絡，並經由實體交通系統，深化對殖民地的控制。

　　在泰雅族的傳統領域，已有許多因狩獵而形成的交通網絡，稱為「鹿路」。「鹿路」為各蕃社間的互動，提供了重要基礎，可說

是泰雅族的經濟動脈；甚至日本入侵時，泰雅族也是透過「鹿路」系統來對抗。[1]

要探討日本鎮壓泰雅溪頭群的過程，則不能不提及埤亞南越嶺警備道的開拓。位於嘉平林道下方不遠處的臺七甲線公路，前身大抵就是1921年興築完成的埤亞南越嶺警備道。日本開闢此路，意在打通今日宜蘭（大同鄉濁水）到南投（仁愛鄉霧社）之間的山地，進一步控制沿線的泰雅族原住民。

宜蘭自然與歷史研究者吳永華，在〈埤亞南越嶺警備道宜蘭段初探〉一文中指出，1909年日方召集泰雅溪頭群的前山五社，聚集在多望駐在所附近，舉行和解儀式，和解條件即包含了「開路」。往後幾年，這條以開採山地資源為主，兼以監控原住民的警備道路，就是依據這項協定而開鑿。從1921年《臺灣日日新報》對「蕃路」的完工報導，即可了解，以「新星」（今嘉蘭）駐在所為起點的警備道，有利於「時爾崎」（可能為四季村）與南湖大山麓的良材運送。這個區域大抵就是眠腦山區：

羅東蕃路：羅東郡下通臺中州能高郡蕃地之橫斷道路，以客秋起工，本年三月杪已略成功，現警察員仍繼續督造，完工在即，該路延長約八里，開費六萬餘圓。就中稱難工事者，有斷崖數十丈，及溪谷數處。道以「新星」（今嘉蘭）駐在所起點，沿濁水溪右岸，越「壁蘭」（即埤亞南）鞍部，通能高郡下「社加勇」（志佳陽，今「環山村」）駐在所。傾斜緩慢，雖高六千三百餘尺之（壁蘭）鞍部，女子木屐草履，亦得往來。附近駐在所警員，向時出羅東街要數日，今則一日可到。世人素所不知之「時爾崎」山麓及南湖大山麓良材，皆得運出為世用云。

埤亞南越嶺警備道，除了思源埡口到耶克糾溪一段，還保持原初的狀態外，現今的四季村下方，也仍有一段相對完整的路徑，上面還有一座名為「甕溪游」的吊橋。這段道路寬約二至六尺，比起浮動的軍事隘勇線而言，常設的警備道更顯寬廣，也更具治理與控制的意義。

歷史研究者林一宏指出，1920年代以後，日本警備道所部署了「集團化據點式」駐在所，已經完全改變了原住民的山地空間結構。[2]進入隘勇線推進時期，為了長期治理山地，臺灣總督府修築了許多警備道，如同疤痕一般縱橫穿越臺灣的山脈。從北部的拉拉山警備道、角板山三星警備道，中部的合歡越嶺警備道、能高越嶺警備道，一直到南部的八通關警備道、內本鹿警備道及浸水營警備道……其中，埤亞南越嶺警備道的特殊性，尤其在於打通了宜蘭廳到南投廳的東勢郡、能高郡之間的交通孔道，像銳箭一般穿透泰雅族溪頭群，一直往南到志佳陽社（Sikayou，現在的環山部落）、沙拉毛社（Salamao，大約位於今日的福壽山農場附近），對這一線的泰雅族形成完整的宰制。

此外，除了山地的治安維護，道路開通也有助於官員視察、山地行軍、科學調查及登山活動，[3]當然，日本在太平山的伐木事業也因此更為深入。

馬諾源：戰爭的田野影像

將來絕不再做匪行，能夠曬到如此美麗的陽光，又喝到如此清澈的溪水，這是政府（按：日本）寬大的賜予，我們將永誌不忘。[4]

上：討伐軍隊的帳篷，下：馬諾源社旁邊的四季社屋舍（遠藤寬哉，《討伐軍記念》，
1913，臺灣圖書館提供）

上：日軍機關槍小隊攻擊馬諾源社，下：馬諾源社遭日軍攻擊後逃至夫布爾（Booburu）溪谷，圖為日軍山砲兵中隊砲擊該溪谷的情形。（遠藤寬哉，《討伐軍記念》，1913，臺灣圖書館提供）

交通 1921

在警備道開通之前，日方早已透過隘勇線的推進，步步進逼泰雅溪頭群的傳統領域。1905 年設置的叭哩沙屈尺間橫貫隘勇線，從今日的新北市新店屈尺一帶向南翻過雪山山脈，抵達宜蘭的松欏溪一帶，總長超過一百公里。為了強化這條被稱為理蕃「母線」的隘勇線，日方還從南勢溪龜山發電廠輸送電力，以供線上的高壓電使用。此後，國家勢力也慢慢逼近眠腦山區。

1910 年，日方開鑿宜蘭員山到埤亞南社之間的道路，於三月底抵達溪頭群的多望社；1911 年在留茂安社（Rumoan）設立「蕃務官吏駐在所」，掐住溪頭群的咽喉。[5]雖然日方勢力正逐漸逼近，前山五社中的馬諾源社（Manauyan，舊社址位於今日的四季平臺）仍然不服，屢屢發動騷擾，並「煽動」鄰社反日。在日方文件如此記載著：

溪頭蕃的馬諾源社，既頑固又不容易駕馭，從前已屢次提出報告，尤其在推進南投廳隘勇線時（按：埤亞南越嶺警備道），他們更遠赴沙拉茂蕃地，去支援逞凶。此外，又跟卡澳灣、馬里闊灣等凶蕃勾結，一方面煽動溪頭的歸順蕃，一方面在濁水溪（按：蘭陽溪）沿岸肆虐橫暴……[6]

由於馬諾源社遲遲未「痛改前非」[7]，而蘭陽溪的溪頭群皆已繳械，日方決定討伐尚未繳械的馬諾源。1913 年，第一次討伐作戰，從警部、隘勇到工程作業工人，日方總共動員了 2,290 人，分成討伐隊與隘勇線作業隊。

討伐隊由五支武裝部隊與一支運輸隊組成，自濁水溪監督所（今日的樂水村）出發。其中，武裝第一部隊的 294 人接到命令，在黑夜銜命急速前進，預計於破曉前抵達馬諾源社，以完全殲滅該社為

目的。其他部隊則依序負有支援、掩護及後勤工作。另有一支部隊在四季一帶架設砲兵陣地，準備轟擊馬諾源。

即使如此，這次的征討並未讓馬諾源社完全屈服。雙方的紛爭，直到同年八月第二、第三次討伐行動，才獲得解決。第二次討伐行動的拂曉日，日軍第一部隊的第一聯隊、第二中隊與第九機關槍小隊包圍馬諾源，並遭到強烈抵抗；雙方交戰十個小時後，馬諾源社終於不支而退往夫布爾（Booburu）溪谷等地。

遠藤寬哉的《討伐軍記念》完整見證了1913年馬諾源社被毀滅的過程。攝影師跟隨大隊人馬從宜蘭誓師出發，經過濁水監督所、留茂安至埤亞南部落，一路拍攝了軍隊翻山越嶺、渡河架橋，最後殲滅原住民的過程。除了作戰情況之外，攝影師也拍攝了許多後勤作業場景，諸如工程人員以竹子及芒草搭建緊急房舍、醫護站的設立，以及電話線的架設。

遠藤寬哉的照片也直擊了馬諾源社被攻佔後的情況。整體看來，平臺上的家屋似乎大致保存完整，但事實上這塊土地確實經過一番慘烈的轟炸，砲擊之猛烈，甚至連小孩及婦女都嚇出病來，文獻因而記載「已經有兩位嚇死」。[8] 馬諾源賴以維生的穀倉也被日軍放火燒毀。照片的附註還提到，在穀倉附近的芒叢發現了十一具原住民屍體。

馬諾源被攻陷後，社眾四處逃散，日軍繼續以山砲班小島部隊轟擊退到夫布爾溪谷的族人。另外尚有約六十人逃到四季村的四重溪左岸斷崖躲藏，因為斷糧而開始吃蕨類，並且已經有三人活活餓死。[9]

拿下馬諾源社之後，日軍繼續進逼上游的埤亞南社。埤亞南共百人在蘭陽溪河谷構築石頭掩堡，準備殊死抵抗。後來經過日方派

上：四季平台的馬諾源社遭日本佔領後，附近茅原採伐作業中發現死屍共十一名。下：坤亞南社在蘭陽溪河床的石堆堡壘（遠藤寬哉，《討伐軍記念》，1913，臺灣圖書館提供）

上：原圖說寫著：「蕃人為表示誠意及歡迎討伐軍隊」，下：埤亞南頭目及勢力者在馬諾源部落與日方對話（遠藤寬哉，《討伐軍記念》，1913，臺灣圖書館提供）

交通 1921

遣化蕃予以勸導，而且同時間花蓮的太魯閣蕃也被擊潰，8月11日，埤亞南社頭目樂信·那侯向日人輸誠，宣示「我們的gaga絕不反抗軍隊」[10]。8月13日，馬諾源繳械，埤亞南繼之輸誠，從此，蘭陽溪的泰雅溪頭群抗日大抵結束。遠藤寬哉還為此拍下一張埤亞南人在馬諾源平臺與日軍的合照，圖說寫著：「蕃人為表示誠意及歡迎討伐軍隊」。

遠藤寬哉記錄了許多隘勇線推進時期的影像，為今日研究臺灣理蕃的歷史提供了相當寶貴的資料。然而，從《大正二年討伐軍紀念》對溪頭群的討伐紀錄來看，從一開始，日方便已勝券在握，在整個討伐戰裡，日方僅戰死兩人，馬諾源則是整個解體，死傷人數更難以計數。換句話說，這是一次「展演」性質極強的軍事行動。

或許對日方而言，此次的隘勇線推進並沒有真正的冒險，反而更像一次歷險記，一種演習（drill）。而身為帝國的攝影師，遠藤寬哉的照片亦不同於胡格·耶格在納粹時期為希特勒拍攝的照片那樣圍繞著一種救世主的光芒；遠藤寬哉的隨軍攝影，似乎承繼了更早幾年日本來臺人類學家的影像紀錄感，為戰爭平添幾分異國田野考察的意味。

共管山林

為了釐清一百年前日方如何進逼溪頭群，我來到埤亞南（現在的南山村），拜訪致力於泰雅母語教學的高日昌。問到馬諾源社的相關事件時，高日昌說，當初埤亞南也曾想過一起抗日，但沒想到隔壁的馬諾源社不到一天就被幹掉了，埤亞南遂採取妥協的態度，以免換來滅社的命運。

還記得大學時修習阮義忠的攝影課，他曾在介紹自己的《四季》（1981-1990）攝影系列時提到，當時四季原住民都會穿過繼光橋到對面的四季平臺種高麗菜，此處因此被稱為「小四季」，而這裡也是過去馬諾源社的舊址。

　　我依然記得學生時期看到《四季》時的震撼。雖然有人以紀實攝影的角度來看待這些影像，但我認為，這種分類有些多餘，重要的是攝影者本身以什麼樣的角度切入被拍攝的環境裡，這個過程中存在著什麼樣的身體性。我在意的是流動於影像框外的東西，如何透過若有似無的方式進入照片的框內。阮義忠的攝影可以感受到今日少見的執著身影。《四季》系列中有一張照片，應該是在小四季拍的：兩位泰雅族的小孩站在陽光斑斕的高麗菜田裡，臉孔中雜糅著天真與早熟，想必家長正在附近忙著農事，高麗菜田也似乎成為泰雅人的臨時托兒所。

　　探訪高日昌的路上，我在「平臺牛肉麵」前臨時停車，轉身為平臺拍了一張照片。當時正值產季，平臺上妝點著一顆顆渾圓可愛的高麗菜，數萬顆小綠點排列在平臺上，就像大學暑假被徵召去成功嶺當兵時，近兩萬名大專兵集結在操場上的壯闊景象。

　　蘭陽溪畔有綿延無盡的高麗菜田，這些石礫堆上的農業，與原住民族之間的關係為何？在宜蘭縣史館出版的《蘭陽溪生命史：「宜蘭研究」第五屆學術研討會論文集》裡，賴淑娟從菜田與族群邊界的關係，提供了一些看法。她認為，高麗菜產業的商業機制，是今日的族群界線之一，也是與外界的交通形式。過去南山村的雜貨店，是以無人情取向的貨幣交換為主，經營者多為漢人，這點與以親族關係為基礎的部落社會有所區隔。[11]另外，高麗菜產業的經營，多有平地漢人與原住民透過契作來進行的案例，成為族群邊界上的交界

地帶。

在這個交界地帶裡，漢人將資本市場的投資概念帶入部落耕地，然而部落仍掌握一定的有形、無形在地資源（如：土地、勞力與經驗……），並且透過傳統的「交工」等方式，保留了些許部落的傳統，也為族群的勞動模式與外在市場勞動模式之間，畫出界線。[12]

最岌岌可危的族群邊界，就是語言的流失。從事母語教學的高日昌感慨地說，泰雅語經過日本及國民黨兩個國家載體的殖民政權後，仍能頑強存活下來，實在不簡單。但是，在現今國家考試層級上，母語並未列入計分項目，學生學習時因此少了一層動機。同時，四十歲以下的族人自身的母語能力，也逐漸流失。他們組織家庭以後，與下一代的對話，多以普通話為主。

語言的喪失等於族群精神的喪失，族群界線也將逐步同化於相對強勢的平地文化。不過，高日昌仍強調，即使前景不甚樂觀，他還是會繼續母語的教學。

除了語言，傳統領域被國家接管，並且一再被扭曲定義，恐怕才是臺灣原住民族心中永遠的痛。今日原住民的傳統領域，多為國防部、東管處、林務局、退輔會等官僚體系所有，這些單位究竟能否善盡管理職責，令人懷疑。官僚體系的本質即是「卸責」，或者如柄谷行人所持的觀點：官僚雖為「奴隸」，但實質上卻是國家的支配者，因為如果沒有官僚，專制君主將什麼事也做不成。一語道破了官僚體制的當代本質。[13]但同時，這個卸責體系卻是由相對高等的知識階層組成。

從歷史上的古典帝國發展可以看出，官僚體系與國家土木工程的興起，屬同一時期。因為負有書寫歷史的任務，古典官僚必須識得多種文字、理解字義脈絡，才能承擔起重責大任。

128

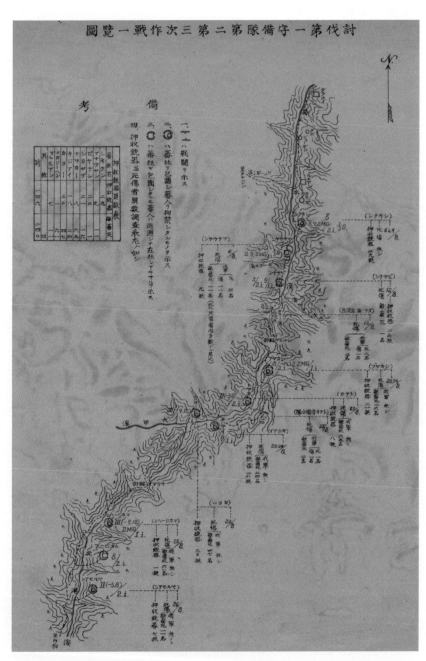

〈討伐第一守備隊第二第三次作戰一覽圖〉（《討伐軍記念》，1913，臺灣圖書館提供）

交通1921

在原住民傳統領域的議題上，在官僚體系無法充分信任、而原民運動的「自治」訴求可能理想過於高遠的情況下，高日昌倒是主張，透過與政府「共管」的方式，讓愛好自己土地的原住民分攤山林管理的任務。目前南山村的羅葉尾溪櫻花鉤吻鮭保育工作，確實也看到原住民組織工作隊，實際進行巡守與管理，相信未來這種另類的管理模式，將會更加普及。

以阿君・阿帕度萊（Arjun Appadurai）的批判性觀點來看，全球的民族主義正走向「內爆」的階段。換句話說，民族主義正開始要從內部進行自我修正。他的理論針對的是世界其他地區的激進團體，如過去在剛果、盧安達或南斯拉夫內戰裡的民族主義團體，甚至混合了宗教與民族主義的伊斯蘭國。傳統民族主義衝擊性的「外爆」運動形式，是否持續有效？或者，有沒有可能變異為扭曲的主體認同的創造（例如伊斯蘭國）？不無可能。阿帕度萊認為，民族主義的排他運動，最後可能會轉向一種自我認同的扭曲，導致對周遭的人——即使是最親近的人——例如家人之間「深刻的，範疇上（categorical）被背叛的感受」[14]，間接形成了一種欺騙式的、自身認同的「偽造」：

由於在這個世界中，大規模的身分認同強制進入了地方想像之中，並在日常的交流中扮演了主導性的旁白，這種被背叛的感受、信任被破壞的感受、憤怒和憎恨的感受，就與此分不開關係了。最能描述今日極度野蠻的族群暴力事件的文獻，往往充滿騙子、情報員與偽造身分者的語言。[15]

在臺灣，面對山林傳統領域長期被掠奪的歷史，原住民的民族

主義復甦，似乎是必然之路。然而，在當代社會更複雜且多層次的交通流動下，族群邊界勢必一再被打開與閉合，因此，原住民運動基本上也可視為是一種「面對邊界開、合的抗爭運動」。而這個開、合過程，可能也是主體再塑的過程。

　　臺灣原住民普遍給人的感受是充滿溫情與智慧，而非機械化地排他，並且更逐漸朝向靈活的政治協商與包容外者。2017年我在凱達格蘭大道上與搭帳篷露營抗議的原住民朋友聊天時，也特別感受到他們對國家的概念兼具了批判性與包容性。這其實是一種具有高度「外交」手腕的協商過程，一種特殊的國家外部位置。

　　我常在他們身上看到屬於戰士的一面。雖然原住民族仍深受國家與資本市場羈絆，但是因為他們身體所散發的戰士氣質，比起過度識字、繁文縟節的官僚體系，他們與土地間所存在的，是一種生死與共的關係。

註釋

1. 藤井志津枝（傳琪貽），《日治時期臺灣總督府理蕃政策》，臺北：文英堂，1996，頁252。

2. 林一宏、王惠君著，〈從隘勇線到駐在所：日治時期李崠山地區理蕃設施之變遷〉，《臺灣史研究》，臺北：中央研究院，2007，頁71。

3. 吳永華，〈埤亞南越嶺警備道宜蘭段初探〉，宜蘭：宜蘭文獻雜誌，1995，頁11-12。

4. 波越重之、松室謙太郎，《臺北州理蕃誌（舊宜蘭廳）》，莊振榮、莊芳玲譯，宜蘭：宜蘭縣史館，2014，頁1638。

5. 吳永華，〈埤亞南越嶺警備道宜蘭段初探〉，宜蘭：宜蘭文獻雜誌，1995，頁6。

6. 波越重之、松室謙太郎，《臺北州理蕃誌（舊宜蘭廳）》，莊振榮、莊芳玲譯，宜蘭：宜蘭縣史館，2014，頁1595。

7. 同前註。

8. 同前註，頁1653。

9. 同前註，頁1654。

10. 同前註，頁1650。

11. 賴淑娟，〈蘭陽溪上游泰雅族與漢人的交會：南山村經濟活動變遷與族群界線之形成〉，石雅如、許美治編輯，《 陽溪生命史：「宜 研究」第五屆學術研討會 文集》。宜 市：宜 縣史館，2004，頁353。

12. 同前註。

13. 柄谷行人，〈世界史的結構〉，林暉鈞譯，臺北：心靈工坊，2013，頁180。

14. 阿君‧阿帕度萊（Arjun Appadurai），〈民族原生論後的生活〉，《消失的現代性：全球化的文化向度》，鄭義愷譯，臺北：群學，2009，頁217

15. 同前註，頁218。

口傳文學 1919

神話的特色是什麼？把意義轉化為形式。換言之，神話一直是一種語言的掠奪。

——羅蘭・巴特[1]

近年在山野行走，我逐漸培養出一個習慣，如果可能的話，最好在探勘之地搭帳篷過上一夜。對城市人來說，住在黑暗的森林裡，完全是另一個世界。特別是深夜十二點以後，因為空氣中充滿冰冷的凝露，若在那時拉開帳篷拉鍊、用頭燈往外探，黑暗的山野總會籠罩在一片霧白的鬼魅之中。更遠的地方，各種不明生物的叫聲從暗處傳來。這時，你會只想拉上帳篷拉鍊，將身體蜷曲在睡袋裡面，將冰冷的森林隔絕在外，專注聆聽自己的呼吸。

人就是黑夜

在這片只有原住民獵人能自由穿梭的夜間山林，似乎是我們的世界（資本主義世界）的某種剩餘，它在與不在，好像都不會影響我們的生命。然而，假若你獨自在山上過一夜，這種預設著「中心—

泰雅族狩獵（林逸民提供，宜蘭縣史館數位典藏）

邊陲」的理論模型，很可能在瞬間崩潰，並不是它「在不在」你的生命範圍裡的問題而已，而是往往只能透過它，你才可能找到生命。

首先是黑暗。不同於現代城市暗夜存在的犯罪、背叛與騷動，黑暗的山裡沒有城市與現代性的不安，只剩人類原始的恐懼與空洞感。黑暗也是哲學上的常客，一個亙古存在的巨大主題與黑格爾式的命題：

　　人就是這個黑夜，這個空洞的虛無，一切都保持著它的簡單性，由無限多的表象組成的財富。……這就是那黑夜，那自然的內在性，這就是那在這裡存在著的——純粹的自己。如果你注視人的眼睛的話，就瞥見這黑夜，進入這黑夜的裡面，黑夜將成為可怕的東西。一個人的對面懸掛著世界的黑夜。

　　人就是自己的黑夜。

記得在加羅山神社獨自過夜那晚，我將單人帳搭在御神座旁邊，準備在這片過去被奉為聖地的深山廢墟裡過夜。眠腦的霧，像即將開演的舞臺劇般從大地冉冉升起，潔白的月光穿透山霧，忽明忽暗地，映照在森林底下成堆的檜木殘根，還有我那頂外觀黃藍對比色、看起來滑稽可笑的單人帳。

我想起泰雅神話中的 Halus，這個流傳於泰雅部落的巨人，以自己的陰莖當成原住民的橋梁，最後卻因貪婪好色而遭到族人設計消滅。在黑暗的眠腦山區，腦中不斷浮現巨人 Halus 拉開帳篷的拉鍊，低下頭來用前所未有的淒厲眼神注視著我。

1913 到 1921 年間，日本總督府完成了《蕃族調查報告書》[2]，由佐山融吉與小島由道主持，從原住民的生活文化與社會關係兩條

路線，分頭進行踏查。這項調查基本上是後藤新平為了理解當時的臺灣社會所組成的「臨時臺灣舊習慣調查會」（1901）的一部分。

在此之前，1900年鳥居龍藏與森丑之助等人雖然已展開大量的人類學採集，但仍偏向以個人為主、官方為輔的方式；「臨時臺灣舊習慣調查會」則以較為全面派遣調查團隊的方式，對臺灣進行漢、蕃調查。雖然後繼的研究者對於這套調查報告有過度「簡略」的評價，但我認為，值得關注的是帝國對於知識體系的動員，以及「人類學機器」如何為殖民政府所用。隘勇線推進時期，從日本法界推衍而出，後來為總督府接受的觀點，即視原住民為飛禽走獸等觀點；而在日方取得山地的掌控權以後，對原住民的觀點則轉向以教化、治理為主。與此同時的「臨時臺灣舊習慣調查會」，似乎不急於植入日本的價值觀，而是視蕃族為某種例外於日本本土的事實，先以「科學」的態度進行調查，為將來能夠順利的治理做準備。

Halus（哈魯斯）

無論如何，《蕃族調查報告書》提供了早期原住民的珍貴記錄。其中的第五冊（1919出版），記錄了臺灣中、北部幾個泰雅族原住民群落的生活與信仰。[3]在其中以看到，有數個大同小異的類型神話，流傳於各個部落。例如：洪水神話、射月亮、人變動物、動物變人、說人話的狗被割掉舌頭（因為太吵）……其中重疊率頗高的就是Halus的故事。

在大嵙崁原住民的神話採集裡，色慾沖天的巨人Halus以陰莖刺破了一位泰雅母親的肚皮。在馬利古灣原住民（現今的新竹縣尖石鄉玉峰村一帶）的採集裡，Halus將陰莖伸入屋內，害死了織布的女

子。而在溪頭群的原住民裡，Halus則用其勃起的陰莖，在溪頭群與司加耶武社（現今的環山部落）分界處，敲出了一個山坳，這個山坳即稱為Halus。泰雅族人消滅Halus的方式，則多半與哄騙他吃下一顆著火的石頭有關。近期劉美秀所採集的泰雅民間口傳故事，同樣也出現了多則Halus傳說，內容與日殖時期的說法大同小異。

比較特別的是，近代傳說中的Halus形象並不限於巨人，而出現了民間凡人的角色與想像。例如，住在大同鄉崙埤村的吳林德勝、吳金花提及：「Halus在日本時代很有名，個子很高、很厲害，擅長摔角，是桃園的泰雅族。」也有認為Halus是對多才多藝的人的稱呼：「Halus就是很厲害，什麼都懂、什麼都能做，就叫Halus。」[4]住在寒溪村的薛松林則說，Halus是一個會對女人亂來的惡霸，並且對自己的媳婦做出亂倫的行為，如果人們說「你Halus啊！」那就表示你是一個對女孩子亂七八糟的人。[5]

當羅蘭·巴特說，神話是一種被竊取的語言，意思是說，神話借用了語言的形式，產生了相當於語言的「意指作用」，而語言的意指作用基本上可說是某種「竊取」，將對象竊取到語言裡。

雖然我還沒有辦法理解，神話與語言之間的關係是不是邏輯上的因果關係；究竟是神話竊取了語言，還是語言「借」給神話？然而，神話常常「超出」語言所預設的「溝通」作用，它經常是未完成的、不完整的，是一種語言意義上的延遲與耗損，也正因為如此的不明確，神話才具有無限的想像空間與繁多的版本。譬如Halus神話，經常出現不同的版本，而且每個版本似乎都點到為止，看不出完整的意義。我們只能說，巨人的傳說反映了幾個推論。

首先，Halus的陰莖化身為橋梁供族人渡過湍急危險的河流，顯示了一定的社會功能，但是這座陰莖橋，卻也是製造爭議的所在。

大嵙崁神話中的母親，在陰莖橋上被Halus刺破肚皮，而Halus對部落女性的嚴重威脅，似乎也強調女性安全在部落裡的重要性。

在清帝國時期，部落女性被漢人欺負的問題始終存在，是造成原住民報復性出草的原因之一，不知Halus神話與這個背景有無關聯。其次，Halus死於火，或許源於原住民與火的深刻連結。總之，雖然意義混雜，但是神話糅合了日常生活的元素，不斷地拼貼、重組，這其實是神話的重要特質之一。

最後，依據口傳裡族人對Halus又愛又恨的情結，顯示這個傳說出現了「矛盾」的典型，卻又有別於希臘神話中伊底帕斯必須「弒父娶母」的宿命與矛盾。它單純地指向男性內部的矛盾——身形巨大、強壯卻好色的Halus膨脹了所有男性的生理特徵——似乎是男人的理想體態，但他卻像色情魔人般，對女性缺乏尊重。換言之，在生理條件特別容易被突顯的山林生活裡，我們似乎也可認為，Halus神話側面提示了男人不應過度膨脹自己的生理特徵，而應該多聚焦於保護聚落女性的導向。

口傳的變異

原住民傳說最重要的特質就是「口傳」，而不是透過文字傳遞。這種口傳的民間文學很容易出現變奏曲般的「異文」（variants）。曾經來臺從事原住民神話研究的俄羅斯科學院通訊院士李福清提及：

一位研究古代史的歷史系教授，對於我要出版臺灣原住民民間文學論集感到困惑不已，（他說）原住民無文字，哪來的「民間文學」？「民間文學」的國際語言並不是英文，而是德文，德文把「folklore」

解釋得很清楚，如最普遍的德文大辭典（Der neueBrockhaus）對 folklore 的解釋是：「一個民族的民歌、民間故事、民間傳說及諺語，因此包含音樂及詩的元素」……臺灣翻譯民間文學的術語常常出現謬誤，或是誤解，如：「簡明大英百科全書」將 folklore 譯成「民間傳說」，「大美百科全書」把 folklore 譯成「民俗」。其實，民間傳說和民俗是兩碼事。民間文學的第一個特徵是口頭創作，即口耳相傳。第二個特徵是變異性，民間文學作品有無數 variants，即各種異文（臺灣平常說「版本」，但口頭作品並不是文人寫的出版作品，無版也無本，所以稱為「版本」不太適合，而大陸學者用的「異文」，筆者以為較適合）。（李福清，《從神話到鬼話，臺灣原住民神話故事比較研究》）

　　並非所有泰雅傳說，都有訓誡的意味。有些因為有點無厘頭，只能將它當成某種「軼事」來看待，而且其中關於性器官的故事特別多。例如，大嵙崁蕃有一則故事，是關於一位女性排尿困難，後來才發現，原來是陰道長出牙齒。臺灣中部的萬大原住民，也有類似陰部長牙的故事。故事中的女性因為牙齒卡住陰道，尿不出尿而死。

　　另外，好幾個部落也流傳著「女人社」的故事。其中，溪頭群名為 Kawan 的女人社傳說最為驚悚。Kawan 社的女人飼養蜂群，當敵人來時會放蜂攻擊，同時，女人們一受風吹就會懷孕，而且只會生下女孩。她們會將誤闖的男性弄得精疲力盡，隨後砍下男性的陰莖，曬乾後掛在脖子上把玩。大嵙崁原住民的女人社叫 Syuma，一次在偶然的情況下，社中的少女與外面的男子燕好時，男子忽然暴斃而死，少女同樣將男子的陰莖割下，掛在脖子上，寂寞的時候隨時可

以拿來使用。而合歡原住民的傳說裡，Syuma則是指只聞飯香、不用吃飯，因而沒有肛門的人。馬利古灣原住民的傳說，Syuma指一位只需吸收食物的水蒸氣就能活，而沒有陰部的女子。

老實說，這些傳說究竟意味著什麼，實在很難說清楚，只能感受到它們保持了一個「敞開域」，在其中，意義以流動而片斷的方式存在。這類意義不明的傳說，也包括了動物的傳說。溪頭原住民有一則故事，內容是熊與豹互相染色：熊發現自己全身被塗黑，很生氣地撲向豹，豹於是對熊說：「我不是在你喉嚨下留下一條很美的輪月嗎？」故事就結束了。這個故事除了暗示著不久以前，豹可能還存在於泰雅族的生活領域；或者，孩子們可以透過胸前的月亮來辨認臺灣黑熊。除此之外，傳說究竟要透露什麼訊息，確實令人費解。

「不具體」正是口傳文學的特徵，它不似古典生物學百科全書般：「羅列」各種生物，藉以展現一全能全知的態度（如米歇爾・傅科所說的，知識上的「智能競賽」）。而且這些傳說可能都經過數個variants，以致出現了簡化的狀態。

可以說，口傳文學私下默認了每一位口傳者自行「加工」的可能，講述者直接參與了傳說的編纂，而不僅只是傳遞。由於講述主體被賦予某種作者的作用，因此它也不是漢斯・高達美所說的詮釋學——圍繞著特定文本，把某種「陌生的或不可理解、表達的東西，翻譯成可理解的」。

因為口傳文學具有模糊與片斷的特質，所以它能夠在日常生活裡不斷地被延伸、加工。例如，感覺頗為厲害的「女人村」傳說之緣起，是否為泰雅族本身的父系社會下，對女性所形成的一種「補償」？由於沒有更多資料佐證，無法肯定。但是，如此特意地突出

女性主體性的描述，確實有可能在日常生活的玩笑話裡一再被引述，從而更凸顯了女性的位置。對比之下，漢人社會過去所流傳的口傳文學，在現代知識逐步地「文獻化」過程中，大多存在於白紙黑字上，「口傳」的情境，可說是蕩然無存了，沒有人會對下一代講故事了。對孩子說故事的任務，如今已交給巧虎或各種卡通人物。

魔神仔

漢人社會的山林口傳文學，最鮮明的應該就屬「魔神仔」了。

對大豹社和三井田野調查期間，有一次前往三峽詩朗山—塞口坑山—內金敏山稜線探查，為了尋找山友蕭郎在GPS圖上標定過的一根「三井椿」。

那是一個濕冷春天，我從詩朗產業道路上切，穿越如電影場景般翠綠的孟宗竹林，接上山脈的瘦稜以後，順著上下起伏的山路，兩個小時後終於來到圖面標定的「三井椿」附近。我在一百公尺範圍內來回除草一陣之後，還是沒找到傳說中的「那個什麼椿」，而這已經是我第二次鎩羽而歸了。

更早的一個月之前，我帶了幾位想體驗荒野的朋友一起上山，其中一位參與者是作家兼記者G。天氣更為潮濕且陰冷，一樣是吸血螞蝗上班的日子。那天的搜尋同樣也失敗了。下山後轉到土城永寧捷運站後方的7-11，渾身濕冷地繼續接受記者G的採訪。期間，我對G也對自己感嘆道，究竟為什麼要花時間在漫漫荒野間到處除草，尋找一根也許不太重要的椿，其實連我自己都無法給出答案。

第二次的搜尋失敗後，天色也將暗，我決定不從原線折返，而是直接從內金敏山下到東眼產業道路，準備冒險繞一大圈回到原本

的停車處。然而，就在距離目的地三、四公里處，眼前的產業道「路」忽然變得扭曲不堪，甚至有些路段整個翻起來，騰空插在山壁上。根本是電影中才有的災難場景。這時才驚覺，原來不久前的蘇迪勒颱風摧毀了三峽許多的產業道路，有些路段受創之深，甚至得花個三、五年才能修復。

現在也無退路了，只能硬著頭皮前進。此時天色已轉暗，風雨驟強，山開始展現它原始而狂暴的一面。剛開始，我還能理智地盤算背包裡的乾糧，隨時準備尋找緊急的露宿點。然而在風雨交加的情況下，頭頂的LED燈只能照到眼前一公尺左右的距離，山路的盡頭更加遙遙無期。

一片茫然之中，人的理智線逐漸崩解，我開始懷疑自己是不是遇到傳聞中會把人牽往斷崖的「魔神仔」？這次終於要面對面決鬥了，我握緊手中的草刀準備一搏，腦中警惕自己要保持清醒，以免被祂迷了魂牽走，一方面還要專注踏穩腳步，不要在還沒和「魔神仔」交手之前，自取其辱地在泥地上摔跤。

那段路，我好比卡夫卡小說《巢穴》裡面的那隻鼴鼠，為了腦中的虛幻威脅，而做著各種盤算。鼴鼠為自己訂了一個「巢穴總體計畫」，每一百公尺的通道就有一個圓形廣場，可以用來儲藏食物，而這樣的廣場總數有超過五十個。鼴鼠對自己說：「巢穴是複雜的，但應該還有更複雜的可能。」[6]鼴鼠繼續認為，每隔三個圓形廣場可以選一個當作儲藏食物的預備場所，每四個廣場應該要設置一個主要食物的儲藏所，每隔兩個廣場可以設一個副儲藏場所……就這樣，為了虛幻的「魔神仔」，我腦中計畫著各種可能的因應之道。

不知又經過多久的黑暗攀爬，我感到緊繃的身心快要崩潰了，開始邊走邊念起《般若波羅蜜多心經》，希望能夠脫離眼前的困境，

無有恐怖，遠離顛倒夢想。說來不可思議，當念到第三輪的時候，一股暖流忽然迎面前來，眼前的路恢復為平整的柏油路面，雨也停了，遠方山野忽然燈光點點，宛如一片世外桃源。回家以後，為了解開這個不可思議的經驗，對照了GPS圖，才發現就在默念《心經》的過程中，自己正不知不覺翻越了山嶺之間的平緩鞍部。翻過鞍部等於翻到山的另一邊，難怪氣候條件完全不同。

這就是從小到大聽人們「口傳」「魔神仔」的結果。明明是自己心理作祟，卻又感到有幾分真實。根據林美容的採訪歸納，「魔神仔」有幾項特質，包含：矮小、紅色（紅眼、紅衣、吃紅色果子……）、猴面、行走飄忽，最後一項特徵是幻化，例如幻化為小孩、熟悉的朋友、小兔子、魚、蛇……。

林美容提到，「魔神仔」不僅流傳於臺灣，對岸的福建也有「濛神仔」、「無常仔」、「迷神仔」等類似情節的故事。甚至原住民的「小黑人」傳說、山友之間口耳相傳的「玉山小飛俠」，都可視為「魔神仔」的各種變異版。

1990年發生在志佳陽山區一帶的「施勝發失蹤事件」，救難人員施坤福曾提到，他在搜尋的過程中發現，施勝發留下的足跡，步履間距為兩公尺，比一般成人多出一倍，並且還能輕易下切陡峭山澗，因此他判斷施勝發是被山魈「提走」了。林美容更認為，「魔神仔」傳說是人類遠古的生活以集體無意識的方式，併發在現代文明社會。

不過，她也從功能主義（functionalism）的角度大膽揣測，「魔神仔」之所以會流傳在民間社會，必然有它的社會功能，其中之一便是提醒人與自然之間密不可分的關係。這樣的結論固然有其正面意義，但「魔神仔」作為有意識、功能論的文化生產，以及遠古人

類的集體潛意識，兩者的解釋看起來是矛盾的。我認為應該是先有前者，即「魔神仔」的傳說是出自人對自然世界的原始恐懼，後來才演化出功能論的。在長輩對孩子半恐嚇半認真的口吻中，「魔神仔」成為潛伏在叢林裡的某種「不可見」的存在，目的多半是希望孩子們對自然界的一切，能夠保持戒慎恐懼。

註釋

1. 羅蘭・巴特（Roland Barthes），《神話學》，頁 191。
2. 由佐山融吉主編，後續相關的研究主要有：《蕃族習慣調查報告書》（1915-1920）、《臺灣蕃族習慣研究》（1918-1921），都歸屬於「臨時臺灣舊習慣調查會」之下。
3. 該卷包含了大料崁社、合歡蕃、馬利古灣社、北勢蕃、南勢蕃、白狗蕃、司加耶武蕃、沙拉茅蕃、萬大蕃、眉原蕃、南澳蕃、溪頭蕃等泰雅聚落的調查。
4. 劉秀美，《臺灣宜蘭大同鄉泰雅族口傳故事》，臺北：口傳文學會，2007，頁 43。
5. 同前註，頁 52。
6. 法蘭茲・卡夫卡（Franz Kafka），《蛻變》，金溟若譯，臺北：志文，1993，頁 108。

濁水 2016

　　南湖大山的泰雅語叫做 Bayu，是泰雅溪頭群與南澳群（Klesan）之間的分界。南山村的高日昌說，過去他們稱山那邊的南澳群為 Balis，意思就是「敵人」。如今雙方已經不再敵對，而南湖大山依舊扮演著重要的精神象徵。

　　眠腦廣袤的山野，從巍峨的南湖大山起始，向著南山村垂直而下，山勢一路從拔都諾府山、見晴山與加羅山等雪山山脈一線，孕育出生機渾厚的森林。加上對面的喀拉葉山、邊吉岩山、棲蘭山等中央山脈一線，兩者形成漏斗形地勢，攔截了東北季風所帶來的豐沛水氣，因此眠腦山區的蘭陽溪流域森林終年雲霧籠罩而有霧林之稱，也因此孕育出極為豐富的檜木林相。

　　曾在棲蘭山研究檜木生長機制十數年的賴宜鈴，在研究中發現，檜木的生長不能承受太多日照，雲霧帶遮蔽了 90% 的陽光，為檜木提供了優良的成長環境。此外，檜木從雲霧中所吸收的養分，居然是雨水的十倍之多，因此賴宜鈴說，下一次看到雲霧飄過來的時候，應該要把它想像成是一塊肉浮在空氣中。[1]

　　根據臺灣環境資訊中心的分析，中高海拔的霧林，每年可攔下 300mm 霧氣，比同海拔無林冠的地方多出 177 倍的攔水量，可說是

南湖大山（山本三生，《日本地理大系：臺灣篇》，1930，中村靖夫提供，宜蘭縣史館典
藏）

天然的集水器。源自南湖大山，古稱「濁水」的蘭陽溪，就誕生於這片珍貴的霧林帶。

出海口

經過日殖時期與國民黨政權的濫墾，蘭陽溪上游的檜木老林已經徹底被摧毀，涵養土壤的任務只能交由新生的次生林。但是面臨今天極端氣候的條件，眠腦山區的樹林不超過百年的次生林往往無法抵擋日益劇烈的豪降雨，甚至常被洪水暴雨成片地席捲到出海口。

有幾次颱風過後，我來到蘭陽溪的出海口，泥濁的巨河像一尾憤怒的黃龍一般，一刻不停地鑽入陰霾的太平洋。沙灘上堆滿眠腦山區的斷木，來自霧林裡崩塌地的黑色沙礫，當然也有蘭陽平原的垃圾。有時候你也可以看到整片沙灘布滿了破裂壞毀的西瓜，原來是大水席捲了山上的西瓜田而造成的。三角洲上的捕鰻人常就地取材，利用垃圾和漂流木蓋了一間間鰻寮。遠遠望去，整個出海口就像一片廢墟般的黑色海埔新生地，剛由宜蘭誕生的一塊新的國土。

2015年颱風過後，我和來自武漢內陸的朋友麥巔一起到蘭陽溪的出海口，看看太平洋。住在內陸的麥巔，不太有機會聽到海浪聲。他說，海浪的聲音好像小時候住在農村時，有時候會聽到遠方路上經過的汽車引擎聲、農用拖曳車的馬達聲，對他而言，那是一種「外面世界的聲音」。直到後來他和同伴一起坐火車到深圳特區找工作時，在非常偶然的機會下，才真正看到海：

第一次去海邊的時候我們其實挺震撼的，那個時候，好像自由主義，比較反叛的作家包括像海子，他們都會用大海的意象，比如

濁水 2016

說海子的《面朝大海，春暖花開》。其實更多是因為王小波對於海妖，水裡面的妖怪，它們可以自由的航行，就像鰻魚一樣穿越幾千公里去參加一個音樂會，王小波寫過一部小說就講《綠毛水怪》，就是山東一個下鄉的知識青年去到海邊，遇到失蹤的舊情人變成海裡的妖怪重新出現在他面前。

　　蘭陽溪的出海口特別讓我聯想到麥巔，一位成長在中國封閉農村，有安那其傾向的人。他屬於中國，卻又特別不屬於中國（他稱生活在武漢的自己是「楚人」）。也許是童年經歷了文革後期及改革開放初期的社會矛盾，今天的他有一種特別無路可走的氣質，而這片躺滿眠腦山區斷木的出海口，確實也給人那樣一種無路可走，卻又因此充滿生機的怪異張力。

　　當我太累或疲憊時，就會跑去看太平洋，特別是蘭陽溪出海口那片黑色沙地──我私下暱稱為「共和國」的領土。這裡也是許多生命終結的地方。蘭陽溪出海口像臺灣其他地方的海岸，早期也淤積著許多橫死者的屍體。沿著海岸旁的臺二線，錯落著許多陰廟，有的名為萬善堂，有的叫做有應公、金斗公、大眾廟……不一而足。

　　陰廟總散發著一種不祥氣息，像有一股冤氣盤旋其上。以前經過陰廟時，總會不自覺地加快腳步，好似誤闖正在辦喪禮的人家、害怕被「煞到」一般。對陰廟的印象也來自於氣味──夾雜著人骨與陳年化學線香，甚至混合了未乾的人肉氣味，使得陰廟看起來總是黑而油膩膩的，就像鄉下老家阿嬤的廚房，每一個器皿之間都蘊含著故事。

　　然而，引人好奇的是，這些被稱為「低等靈」、無人祭祀的孤魂野鬼，這些無法神格化的魂魄、死於兵燹或集團械鬥的「老大公」

（lāu-tuā-kong），祂們為何而死，祂們是誰？因此，陰廟也可說是道道地地的「無名者紀念館」。或許也因為這樣，真正的故事才得以啟動。瓦爾特・班雅明在《啟蒙》的〈說故事的人〉裡寫道：

遙想死榻生為王座，人們穿過死屋敞開之門趨前敬弔死者。在現代社會，死亡愈來愈遠地從生者的視界中被推移開。過去，沒有一戶人家，沒有一個房間不曾死過人……當今之時，人們則居住在從未有永恆的無情居民——死亡——問津的房屋裡。

人與死者的關係曾如此緊密。班雅明所說的歐洲中世紀死者與家屋的關係，也可在臺灣原住民早期將死者葬在家裡的習俗中看到。《蕃族調查報告書》就記載著，將死之人自知天命已盡，會請家人在家裡挖穴。死後，親人將屍體放入穴內，上方蓋上一片石板，再覆以泥土，而後灑一些水，敲硬泥土，墳上再放一瓢水以及少許的粟，以供亡靈食用。[2] 如班雅明所言：唯有死者才能講述故事，陰廟意外地把死亡停滯（維持）在比較原始的狀態，讓死亡徘徊在神的邊緣，或許因此人們也可有多一點故事的想像。

看見海的麥巔，自然也看到許多岸邊的陰廟了。他驚訝地說，在中國「毫不動搖地堅持和發展中國特色社會主義」的世界裡，在一切為大眾的紅色口號裡，中國卻沒有屬於「大眾」的廟。我想這應該與共產主義的唯物觀念所造成的壓抑有關。共產主義拒絕死亡進入社會、拒絕鬼靈，而資本主義則特別愛好死亡，愛好鬼靈也喜歡神，好藉此衍生出各種產品。

陰廟之所以設立，首先是要處理亡靈的歸屬。人們懼怕鬼魂四處作亂，顯示了移民社會對於無嗣者與孤魂野鬼，仍有許多忌諱。

恐懼之外，陰廟也顯示了活人的「結善緣」心態，面對這些濁世之中的橫死者，人們總還是有一股惻隱之心，想與祂們好好相處。廟於是成為人鬼在俗世中的約定空間，就像王小波筆下的綠毛水怪與世間戀人互相約束的海岸。這種友善關係俯拾皆是，例如有一次來到蘭陽溪出海口附近的茅仔寮萬善堂，發現廟裡的沿革記載著：民國元年蘭陽溪做大水，有三個金斗甕「逐流隨下到現在堤防外半為沙積半露靈光」，後來被好心的村民收容祭祀，廟前也拉起了大大的「有求必應」紅布，那些字就好像金斗甕裡面的亡者，半夜裡跑來寫下的一般，為了報答世人的收容。

這間萬善堂雖不起眼，不過，不知是不是因為陽光的關係，那天下午我站在廟前，拿起相機拍下它的時候，總覺得那是一間藍色彩龍盤踞屋簷的華麗宮殿，佇立在出海口那片尚未被命名的共和國旁邊。

做大水

蘭陽溪做大水是歷史有名的。1821年姚瑩的《噶瑪蘭颱異記》就提及：「噶瑪蘭闢十一年矣，水患之歲五、颱患之歲三。蘭人大恐，謂鬼神降，不悅人之闢斯土也，將禳之。」

早期的人將天災水患訴諸於人禍，間接也促生了許多祭天拜鬼的儀式。因此，茅仔寮的隔壁有一個聚落叫做溪底城（或稱為「姓楊仔底」），到今天都還維持著每年「拜溪頭」（Bai-Ke Tau）的傳統。更往上游走，在今日的員山鄉內城村一帶，人們在每年農曆年尾牙時，也會舉辦「拜駁」（Bai-Poh）儀式。到那個時候，村民會將三牲素果提上河堤，像準備一場電影的開鏡儀式一樣，分三桌祭拜天

上：茅仔寮的萬善堂，下：蘭陽溪出海口的捕鰻寮

濁水 2016

公、老大公（屬鬼）與河神。[3]「拜駁」的意義不只在於希望堤防禁得起洪水的衝擊，由於祭拜對象從河神、天公、土地公一直到溪裡的往生者，甚至有些死者是祭拜者自己的親人，因此可以說，「拜駁」等於在塑造一個敬天、謝地與祭祖的多重立體祭祀空間。

2001年，宜蘭縣政府主辦「故鄉的河慢慢的流：宜蘭河生命史討論會」，擔任論文評論的王見川提到了一個動人的例子。他說，如果一條河有河神，而且是很兇惡的那種，會怎麼樣？人們會不會因此不敢亂丟垃圾，會不會因而更加敬畏河川？

雖未正式統計過，但是從報章媒體的報導粗估，平均每年在蘭陽溪大概都會發現一具浮屍，當地海巡隊的阿兵哥暱稱這些浮屍為「洋娃娃」。二百年來因為這條河做大水而受難的死者，已經為河神的想像提供了一個特別的意象，成為這條河流隱晦的集體記憶。因此，我心目中的蘭陽溪是有河神的，而且是很兇的那種。

離開出海口與陰廟，逆著河流、洋娃娃與河神，我決定往上游走，看看孕育「做大水」的眠腦山區，那邊的河流長什麼樣子。蘭陽溪上游有多條支流穿越高山地帶的破碎崩塌地，導致溪水終年混濁，例如，上游的馬當溪，泰雅語即是「混濁」（matang）之意；地質的因素，也是蘭陽溪古來被稱為「濁水」的原因。

臺灣河川的年平均運砂量，多在每平方公里流域三千噸左右，蘭陽溪與臺灣西部平原的濁水溪，卻都高達二萬噸以上。[4]巨大的運砂量造就了海口的氾濫平原、育化了土地上的人們，因此，倘若我們將蘭陽平原界定為人類的氾濫平原文化系統之一，應該可以更緊密描述出人與土地之間的關係。

蘭陽溪「做大水」的歷史，又是如何出名的？2012年，媒體戲稱為「醉鬼」的蘇拉颱風，在花蓮外海打了一圈轉後，颱風眼從三

貂角「二次登陸」，蘇花公路沿線因此遭到重創，花蓮崇德的「剝皮辣椒一條街」，整個被傾瀉的土石淹埋了。

蘇拉颱風也為蘭陽溪上游帶來1,700多公釐的超級強降雨。雪山山脈和中央山脈像一個巨型的漏斗，吸納了颱風大量的水氣，使得蘭陽溪瞬間化為萬隻憤怒的泥黃色象群。大部分的蘭陽平原因此浸泡在水裡，下游處的蘭陽大橋觀測站，更測量到前所未有的河水高度——差二十公分就要淹沒橋面了。蘇拉颱風同時也造成蘭陽溪支流天狗溪土石大量沖刷，巨大的田古爾橋被硬生生斷成三節，新聞上看起來就像美軍戰斧飛彈命中目標後傳回的錄像畫面。

六年前我開車行經田古爾橋，當時就發現橋下的天狗溪已經嚴重淤積，黑色的土石迫近橋面，詭異的景象使得田古爾橋看起來完全不像「橋」，應該說是貼近河床的「馬路」。而今再度回到田古爾橋現場，斷裂的橋體早已不見蹤跡。為了建新橋，工程人員正在進行橋墩箱涵的灌漿工程，怪手在黑色的岩床上挖出一道道阡陌縱橫、深度超過一層樓的引水溝，一眼望去簡直像第一次世界大戰的壕溝戰現場。

雖然修橋之事無可爭議，然而，在田古爾橋斷成三節以前，林務局已經花了至少五年以上時間，投注一億七千萬元、發包了八次砂石疏濬工程，來整治天狗溪。沒想到河床的砂石還沒挖完，一次大水就把橋沖毀了。陳玉峰所說的臺灣河川治理的「零存整付」問題，在此暴露無遺。

由於田古爾橋施工人員不歡迎我，無法進工地一窺細節，我試著往天狗溪上游走，前往傳說中的天狗野溪溫泉。過去，都市人喜歡駕著四輪傳動車來這裡泡溫泉，已在河床上碾壓出一條臨時便道，幾經颱風之後，便道又給「沒收」了，眼前再度恢復一片荒蕪。忽然，

一隻黃鼠狼從叢林裡蹦出來，精靈一般跳躍在黑色河床上，時而在較大的石礫上駐足張望，時而躡手躡腳地溜過石縫，這應該是四輪傳動車消失後才看得到的風景。

經過一個小時的溯溪，天狗溪開始以大曲形的方式暴流，眼前出現大規模的土石坍崩，加上溪流源頭的三星山烏雲罩頂，此時若有一陣山區驟雨降下，眼前的河床勢將如《金剛經》一般如露亦如電地變化，那麼我也將成為另一個最終漂到蘭陽溪口的浮屍了。原本身上背著帳篷、糧食，想在天狗溪河床露宿一晚的計畫，也只好取消。

田古爾橋一斷，形同斬斷了宜51號縣道沿線幾個泰雅溪頭群聚落的重要出路，只剩下往牛鬥的方向可以通行。這些部落的所在地，由於具有珍貴的溪畔平原，可供開墾水田，是往昔日本人強迫泰雅族人「集團移住」的目的地。目前居住在這一帶的原住民部落，有智腦（Chinau）、東壘（Dorei）以及碼崙（Varloon）等，行政區上劃歸為樂水村（Kbanun）。由於位置偏遠、交通不便，直到今天他們仍自稱「被遺忘的部落」。其中的碼崙，還是日據時期太平山一帶的行政中心，舊稱「濁水」。

那天的天狗溪之行鎩羽而歸後，我一直念念不忘眠腦一帶的溪流，一個月後便前往另一條同樣面臨嚴重土石淤積的碼崙溪。

碼崙溪也是蘭陽溪的支流之一，匯流口一帶有個突起高地，即今日的碼崙部落。馬諾源社被日本人轟平之後，剩餘的族人就被強迫遷移到這裡。聽說部落至今還有一個神社遺址，因此一到碼崙部落，第一件事就想去看這個神社。

過去在田野工作時，總會在當地雜貨店買包香菸或飲料，先跟他們「交關」一下。通常雜貨店也不負期望地提供充分的資訊，有

時甚至還額外補充許多我並沒有很想知道的地方八卦。但是，當我詢問部落雜貨店的bnkis（老人），部落的神社在哪裡時，bnkis用很迷惘的眼神看著我說：「什麼？」我再補充說，日本時期有一座濁水神社，請問是不是在附近？老人很乾脆地說：「不懂。」就這樣，神社當然就沒去成了。離開的路上，突然想起傳琪貽老師說過，有些部落的老人長期與平地沒有交流，因此所使用的語言大概都是族語以及日語。我想，很可能剛剛老人「不懂」的是我的語言！

離開部落後，計畫沿著上河文化登山圖上的一條路，逆著碼崙溪，向上攀登標高1,735公尺的檜樹山。一來到河床，就看到原住民已在唯一的通路上蓋了幾座鐵皮屋狗寮，上面還好心用油漆寫著「惡犬」。在凶險的山裡，忠心的獵犬是獵人性命相交的夥伴。眼下面對這些可能與山豬對幹過的獵犬，心裡不免感到忐忑不安。萬一牠們衝出狗寮，應該會把我碎屍萬段。

原住民的獵犬多半是混種的臺灣土狗，具有忠心、專注、運動細胞發達且顎部強有力等特質。我曾在三峽的紅河谷越嶺古道口遇見泰雅獵人「山豬王」，他將發財車改裝成行動狗籠，走近一看，赫然發現狗籠一根根的不鏽鋼欄杆都被咬扁，可見獵狗咬合力之猛。

泰雅也有關於Beling Hulimg（野狗谷）的獵犬傳說。相傳祖先為了讓狗協助打獵，遂以小米麻糬將成犬騙到一邊，驚險地從野狗谷偷出幾隻幼犬，繁殖成日後的獵犬（臺灣土狗）。在森林裡，沒有學校警衛為你把關，也沒有護理站幫你包紮小傷口，在森林裡，生命僅立基於雙腳所踏的那一小塊土地，令人對獵人與獵犬之間的相濡以沫更加欣羨。

碼崙溪、天狗溪，乃至於更往上的四季、南山村一帶的眠腦山區，地質上屬於中新世的盧山層，岩石的種類以硬頁岩與板岩為主。

上：碼崙溪口的原住民獵犬寮，2016。下：四季部落的獵人，2016

上：宜蘭田古爾橋遭土石「淹沒」後的重建工程現場，2016；下：碼崙溪河床，2016

濁水 2016

由於地質紋理較發達、容易剝落，因此產生了許多崩塌地。驚險地越過狗寮之後，我繼續深入黑色的碼崙溪河谷。新的攔砂壩工程正在進行，沿途散落著施工人員遺留的酒瓶、塑膠零食袋，還有一本掉在黑色頁岩上的小小聖經本，是由臺灣基督長老教會冬山教會發給的，上面寫著：「我立志接受基督做我的救主，姓名：賴阿花」。在雨水長期浸泡下，幾乎將聖經本揉成一坨爛紙。

由於河川淤積愈來愈嚴重，新的攔沙壩必須往更深的山裡推進，施工便道也步步逼向人跡罕至的荒陬地。順著沿線的垃圾，陸續跨越幾次湍急的溪流後，終於停在一座新建好的五號防砂壩前。再往上是一片洪荒，碼崙溪的溪水愈加凶猛。顧及到隻身探索的安危，我還是選擇了放棄前進，而那個標高1,735公尺的檜樹山，仍然遠在天邊。

從碼崙溪溯溪回來以後，流連腦中的不是溪流與工程畫面，而是河床上那本冬山教會的聖經本。我在想，賴阿花女士，妳是不是住在冬山鄉的原住民？妳的先生會不會是一位挖土機的司機？事隔一年，我在昔日一則〈感恩時節：大同原鄉表揚模範母親〉的新聞裡，發現其中一位模範母親，居然就是碼崙溪畔樂水村的賴阿花。

難道我就是因為尋找賴阿花女士，才會來到碼崙溪？或許是。不過，面對殘破不堪的河床、田古爾橋斷，乃至蘭陽溪出海口的一切，死亡的祭祀地帶、陰廟……賴阿花會怎麼想？

她或許什麼都不會想，她唯一想的就是讓自己活下來，讓家人平安開心而已。我也不禁想著，賴阿花的生命觀是什麼？她如何過生活，什麼是「我立志接受基督做我的救主」？如果我有餘力和能力，是否應該寫一本關於賴阿花的小說？她的生命觀是否有外在於我的憤怒、怨恨之外的東西，一種不斷妥協而累積出來的堅毅？

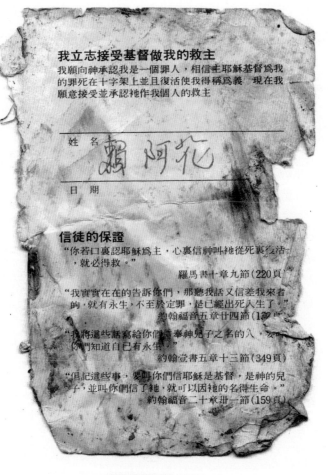

我立志接受基督做我的救主

我願向神承認我是一個罪人，相信主耶穌基督爲我的罪死在十字架上並且復活使我得稱爲義　現在我願意接受並承認祂作我個人的救主

姓　名　賴阿花

日　期

信徒的保證

"你若口裏認耶穌爲主，心裏信神叫祂從死裏復活，就必得救。"

羅馬書十章九節(220頁)

"我實實在在的告訴你們，那聽我話又信差我來者的，就有永生，不至於定罪，是已經出死入生了。"

約翰福音五章廿四節(132頁)

"我將這些話寫給你們信奉神兒子之名的人，要叫你們知道自己有永生。"

約翰壹書五章十三節(349頁)

"但記這些事，要叫你們信耶穌是基督，是神的兒子，並叫你們信了祂，就可以因祂的名得生命。"

約翰福音二十章卅一節(159頁)

賴阿花的聖經，2016

濁水 2016

這樣的時間觀難道是法蘭克‧克默德在文學虛構理論所引入的aevum？一種對「天使時間」的世俗化解釋，也像母親般呵護大地。在人世間，天使既不受時間限制，祂的形象與活動，卻又需要援引於具體的世間事物，因此這個詞也有了一種天使「替身」的意思。

　　泰雅媽媽，碼崙溪攔砂壩工程的雜工，大同鄉的模範母親，我期待自己仍是一個擁有aevum的人，像您一樣，擁有堅強的感性力，好端端地站在世界的一隅。

註釋

1. 摘自「福爾摩沙的指環第一集：最後一幕──迷霧森林」網。
2. 呂心純主編，《蕃族調查報告書》，臺灣總督府臨時臺灣舊慣調查會原著，中央研究院民族學研究所編譯，臺北：中研院民族所，2012，頁217。
3. 陳育麒，〈宜蘭水難的環境背景與「拜駁」〉，頁74。
4. 林致遠，〈蘭陽溪泥沙來源與下游河道沖淤關係之探討〉，頁113

龜崙

龜崙嶺第六公墓

東和街 1989

　　那是1980年代中的事，我下筆疾書，胸懷裡有一片悠遠的綠色山谷，深邃如神話重疊的細節，形貌彷彿隱約，倫理的象徵永遠不變，那崇高的教誨超越人間想像，不可逼視，巍巍乎直上雲霄。我收斂情緒，沉思，仰首：奇萊山高3605公尺，北望大霸尖山，南與秀姑巒和玉山相抗頡頏，永遠深情地俯視著我，在靠海的一個溪澗蜿蜒，水薑花競生的，美麗的沖積扇裡長大，揮霍想像，作別，繼之以文字的追蹤，而當文字留下，凡事就無所謂徒然。

　　　　　　　　　　　　　　　　　　——楊牧，《奇萊前書》

　　我的住家旁有一座山，那是屬於山子腳地塊的大棟山，古稱龜崙嶺。《臺灣通志》在提到當時的淡水廳首善之區艋舺時，有這樣一段記述：「艋舺當雞籠、龜崙兩大山之間，沃壤平原，兩谿環抱，村落衢市，蔚成大觀。」在通志的語意中，龜崙這座矗立在艋舺一帶平原遠方的大山，似有一種守護神的形象。但是，今天誰又記得這些優雅的文字？一般樹林人只知道，住家附近有一隆起的土塊，名叫大同山或青龍嶺，山腳邊錯落著幾座公墓，縱橫的山路上有登山客自創的山寮，野溪滿是家庭垃圾；一到假日，整座山繚繞著走

音的臺語卡拉OK，像一部即將爆炸的老式錄音機。大家都不知道，龜崙嶺曾經是一座環抱艋舺這座古典衢市的大山。

原初場景

然而，我對龜崙嶺，卻無法產生像《奇萊前書》那麼優美的畫面。楊牧的花蓮，有一座奇萊山塊矗立在遙遠的天際線，俯瞰著作家位於城市邊緣的日式書房，如同沉默而堅定的愛侶。我的住家旁，沒有傳奇般的奇萊山，甚至沒有「遠方」，因為近代移民的反覆開墾，從過去的水田、茶園到今日的小型郊山農業體系，龜崙嶺實在很難讓人有遠方的感覺，甚至時常還給人雜沓之感。

山腳下的山佳工業區將野溪瞬間染色，重度汙染的化學廢水匯聚於臨近的鹿角溪人工濕地，週休二日時，人們在這片樂土騎單車放風箏。工業區的台塑南亞集團，每天都會噴出曾以數據製造假紀錄的白煙。更遠一點的山坳裡，還有一支排放戴奧辛的樹林焚化爐煙囪。與其說這是一座山，海拔405公尺的龜崙嶺在人類過度頻繁的活動下，更像老人的皮膚，有著深谷般的皺紋以及愈來愈擴大的斑點。

我出生於今天的樹林消防隊一帶，在縱貫線旁邊的竹林裡長大，對小鎮的印象，不外乎山嶺、墳場、市場、工業區與縱貫鐵路……。現在想來，這些地方綜合起來產生了一種渾沌的意象，可能就像心理學者提到的「原初場景」一般，夾藏在我的記憶暗處，終會隨我的身體一起老去。

佛洛伊德對「原初場景」（primal scene）有清楚的解釋：「孩童首次目睹父母交媾所帶來的創傷。」在佛洛伊德的案例中，四歲

的小狼人（little wolfman）看過這個畫面後，從此罹患精神官能症。樹林與龜崙嶺之於我，某方面超過佛洛伊德的解釋，至少它們帶來的不是創痛，而是一種自我的分裂感。幾十年來，小鎮的風貌雖起了變化，卻也保持了若干舊貌。一些街道你還認得，一些巷弄國中逃學時曾蹓躂過，景物看似重疊，但整個來說，一直重複經歷「失去自己」的感覺。「原初場景」對我來說，就是過去的喪失之物透過某種形式的失而復得、然後再度喪失，形成一種重複喪失的過程。

高一時，我曾騎著家裡買的中古兜風50 CC機車上龜崙嶺，無意間在東和街的一個轉彎處停下來。大概是下午三、四點光景，夕陽灑落在S形山路兩旁的芒叢，鑽入成簇的菅芒深處，再從芒叢根部向上，迸出一片燦爛花海。當時，腦中忽然浮現了更小的時候曾經著迷過的杏林子（劉俠），她的《生之歌》裡的一張配圖：一位放牛的小孩曲膝站在牛背上，雙手擺出扮鬼似的調皮手勢，背景則是一座傳統閩南式的龜甲墓。

這張樸拙的照片一直以某種無名的力量震動著我。還記得那是星光出版社發行的方塊小書，頑皮小孩那張圖所搭配的短文是〈孩子的世界〉：

假日裡，
小學生成群結隊地到山上郊遊。
一個個快樂的像是剛出柙的小馬，
歡騰的腳步在山蔭道上奔馳，
四處都迴響著稚嫩尖細的笑語聲，
連山都震動了。

東和街 1989

不只山，連水也震動了。照片中的笑聲似乎形成一種回聲，在龜崙嶺的草木澗流之間迴盪著。小時候，世界的邊緣是樹林火車站的月臺候車線、神祕的山佳工業區，還有現在已然消失的東和街平交道。那時候，火車站的黃色月臺候車線簡直是國境的邊界，跳上藍色的平快車前往臺北城，儼然成為一種令人雀躍的成年儀式。

　　記憶中另一個世界邊緣，就是東和街的平交道。國小時有幾次騎腳踏車冒險穿過平交道，前往龜崙嶺山區探險。當時，總會先在入口的雜貨店補充零食及汽水。雜貨店就傍著橫坑野溪，老闆在門前架了一座遮陽用的百香果棚。出太陽的日子裡，陽光會篩過果棚，在水泥地面灑下一片斑斕光影，沐在那位跨過自己世界的邊緣的孩子身上，就像《生之歌》裡的牧童。

　　可能是照片裡傳遞的溫度、氣味、午後的墳場草叢必然躲藏的擾人蚊蠅，以及那位與自己有點相似的調皮孩童，我對這張照片有一種說不出的「既視感」（Déjà vu）。隨著年紀逐漸增長，實際上的自己卻逐漸與杏林子孜孜不倦強調的「愛」，背道而馳，甚至感到需要給予「恨」一個健康的正名。

　　如果我真的老到有資格給人訓話的話，那麼我會告訴相片中的孩子，不要虛假地愛這個世界，不然你會成為過去的國民黨員或今天的民進黨員，成為依賴謊言而活的老人，或如金敏的《盜夢偵探》卡通裡，那位用機器來控制別人腦部的老社長，讓所有人都活在不斷傻笑的夢境裡。

　　我的龜崙嶺記憶，沒有楊牧那巍巍直上雲霄的奇萊山，沒有《奇萊前書》裡的胡老師、死去的好友「顏」。我成長於鐵路旁一個骯髒的小村落，迷路時只能沿著鐵路往下走，鮮明回憶多半是工業區、公墓、資源回收廠，與沿著山路排放毒水的鐵皮工廠，我在封閉憂

悶的大嵙崁溪谷地生活，四十年來一再重複地喪失自我。

東和街平交道的另一邊，是車行擾攘的樹林中山路，過了馬路就是山佳工業區了。對孩子來說，那裡總是神祕無比，像是窩藏著一部二十四小時隆隆運轉的巨大引擎。裡面有供應全臺灣味精的味王食品公司、長期汙染樹林空氣的南亞塑膠廠，以及製造臺灣人大部分都坐過的電光牌馬桶工廠。這些工廠像一堵高牆，牽動著樹林人既熟悉又陌生的記憶，如今，又更像一座東南亞勞工組成的城市。

在查找資料的過程中，《樹林市誌》裡一張名為「味全酵素股份有限公司」的照片，特別引人注意。從照片中「麵子王王味」（味王王子麵）招牌字樣由右至左的排列，可看出那是 1980 年代以前所拍攝的。能夠收錄到市誌裡，可見樹林人對味王的存在引以為傲。

1960 年，味全酵素股份有限公司以樹林為基地，生產「味王味精」，成為臺灣味精（麩胺酸鈉，MSG）工業的重要生產地。到了今天，工業區也面臨臺灣經濟轉型的挑戰。出身於山佳一帶的臺灣年輕創作者陳依純，她的錄像作品便反映了工業區的變遷。由於產業外移、外勞引入，許多家庭式小工廠紛紛倒閉，依純的父親也是其中之一。她以父親即將賣出的家中機器為素材，拍了一支錄像作品《再見小工廠》，後續還有更多以相關題材為元素的創作，呈現近年臺灣小型家庭工廠的變遷與縮影。

橫坑

如今，東和街的平交道早已消失，改建為臺灣鐵路局樹林調車場，成為終日奔馳於東部的太魯閣號、普悠瑪號的家。

假如你順著東和街蜿蜒入山，抵達東和橋的 T 字路口，道路會

上：龜崙嶺下的味王工廠（《樹林市誌》）
下：陳依純，《再見小工廠》（2010，有聲彩色錄像，陳依純提供）

一分為二，右轉，是一段純樸而寧靜的產業道路。在埋首於工作的日子裡，行走這段山路往往成為日常的精神救贖。夏日傍晚，微溫的柏油路上，很容易遇見臺灣扁鍬形蟲（俗稱垃圾鍬）或獨角仙，也常會看見牠們被車輛壓碎的咖啡色軀體，像由高處摔破的奶油巧克力。後來我才領悟，東和街之所以會有那麼多獨角仙和鍬形蟲，與這一帶為數不少的光蠟樹有關。

光蠟樹又稱白油雞或臺灣櫸，是臺灣山林水土保持常見的造林樹種，汁液深受獨角仙、高腳蜂或虎頭蜂等昆蟲所愛。光蠟樹的樹幹光滑而厚實，有著櫸木類樹木常見的堅硬材質，老一點的樹會從主幹分出多個枝幹，猶如從大地裡冒出一雙查某嫻仔才有的、早經風霜的手。

雲狀斑駁的樹皮，經常被獨角仙用頭部的盾片刮成一道道明顯的傷痕，深刻見骨。不過，臺灣護樹聯盟倒是另有觀察，認為獨角仙刮食的方向都是垂直的，而不是環狀剝皮，因此不會造成樹木的死亡。這是獨角仙對自然的「永續經營」的方法。

除了光臘樹，東和街兩旁其他的優勢樹種當屬構樹、桑樹、山麻黃、油桐和相思樹等，另外也夾雜著白袍子、麻竹、烏臼、苦楝與俗稱「猴不爬」的九芎。喬木層下，散布著臺灣低海拔地區常見的植物，諸如姑婆芋、月桃、山棕與江某，更為低矮的還有龍葵（黑粒仔）、昭和草（大花咸豐草）、鐵線蕨、雷公根……。

生態學者楊國禎曾經在苗栗山區行車兩百公里之後，概略做出「沿途沒有一片超過三十年的森林」的結論[1]。東和街的林相，在幾經人為開墾、造林與自然演替之後，大約也如此年輕。這是一片擾動不安的土地。這一帶山區，老一輩的管她叫「橫坑」。以「坑」為地名者遍布臺灣各地，一般意謂著凹地、山谷或河流谷地裡的聚

落。早期的地名特別會凸顯出地理特徵，然而，公路通行後，今日橫坑的「坑」已逐漸失去了獨立而封閉的意義——不僅是傳統意義上的消失，甚至橫坑更逐漸變成垃圾坑。

我曾從東和橋攀下二十公尺深的橫坑溪谷，嘗試循著在地居民的「接水」路徑溯溪。一下到溪谷，岸邊橫躺著一隻渾身膨脹的毛豬屍體，無數的金頭蒼蠅縈繞在牠腐爛的眼睛窟窿裡，身軀破洞處扭曲地爬出白色的蛆，各自朝不同方向扭動，姿態恰似科學家顯微鏡下的病毒。溪床河石的罅縫裡，到處卡著破碎的、農人用來圈圍菜園的選舉帆布、綠色紗網。鬱悶的溪谷散發出陣陣雞屎的味道，豹腳蚊瘋狂地吸咬，誇張之程度幾乎可一掌在皮膚上打下五隻，連噴防蚊液也無效。

往前幾分鐘，一股支流從天而降，順著渾然天成的峭壁匯入橫坑溪，那是當地人稱為「刀石巷」的秘境。傳聞 1895 年日軍攻臺時，橫坑居民就藏匿在這裡躲避日軍。再往上溯，天然的溪谷忽然變成水泥化的「水溝」，我的溯溪行動也被迫中止，只好再度攀上舊名「灰埕」的橫坑聚落。村落的岔路口有一個寫著「←旨雲宮、虛空禪寺、普世宮、五路財神」的標示，告訴我們，附近的山區泰半已經被宗教單位所開墾。

雖然不願附和「天下名山僧佔盡」之說，不過，遍布郊山的宗教建築群落，一方面呈現宗教自由化的光景，一方面也反映出臺灣人絕對崇拜「所有權」的迷思。

即使是宗教團體，或透過金錢交易而獲取山林地，但土地原先便棲居了各種生命，因此也不能全然為所欲為。2017 年靈鷲山預備在貢寮的山野建造地上五層、地下一層的「宗教文化園區」，在環評階段就因為飽受「殺生」的批評而暫緩。民眾對於宗教團體林立

橫坑溪的刀石巷一帶

東和街1989

山野的現況，一般而言都不便（不敢）評論。但是，一如中國學者吳曉黎研究印度喀拉拉地區的印度教信仰時所提的，一位喀拉拉人以帶著馬克思主義的口吻對她說：「神不能改造社會，只有人自己才能改造。」[2]山野寺廟多半主張是「奉神的旨意」而建，但真正讓人噤聲的，其實是我們認為所有權是「神聖而不可侵犯」的。

普魯東接下來的話，值得讓「所有權神話」已然穩固的臺灣當代社會細思：當人們有權利讓自己的蘋果爛掉，在自己的土地撒鹽，把一塊菜園變成打獵的樂園的時候，所有權被濫用的狀況便必須受到挑戰。

福興宮

幸好橫坑的居民仍然世代緊守著自己的耕地，橫坑庄頭的福興宮，也依然保持相當純樸的面貌。這間土地公廟是人們步行橫坑山區時經常的休憩點。由於我對造訪土地公廟有著莫名強烈的興趣，所以對福興宮有一種說不出的親暱感。

有一回帶母親到宜蘭旅行，車子行經員山鄉大湖路庄頭的一間小巧的土地公廟，我忍不住下來拍照。母親那時急忙出面制止。她說，土地公相當於地方的「管區」，村落如果有亡故者，首先都要向土地公報到，是很陰的地方，因此民間才會有「寧睡百姓公，不睡土地公」之說。不過，我怎麼看還是覺得土地公只是一個慈祥中帶點傻笑的鄰家阿公。

每一座村庄都需要一間土地公廟，若從祭祀圈、信仰圈的分野來看，地域性清楚的土地公信仰，應該屬於祭祀圈的一種。日本學者岡田謙認為，祭祀圈的特性，是共同奉祀一個主神的民眾所居住

上：2017年橫坑福興宮「橫坑尪工遶境祭典活動」酬神儀式

下：橫坑福興宮

東和街1989

之地域，有比較明確的地理空間範圍。祭祀圈內的廟宇，層級不一，通常以村落的村廟為單位；不同層級的祭祀圈之間，有彼此「包含」（embedding）的關係，[3]生活在該地區的民眾，則負有平時輪流點香清理，特殊時期承擔爐主、共同祭祀的義務。這點不只福興宮，臺灣諸多的土地公廟多半也是。

岡田謙也認為，早期的祭祀圈與婚姻圈、交易圈之間，有諸多重疊的現象，隨著現代化的拓展，上述關聯已經逐漸消失。如今看來，作為村廟的土地公廟及其祭祀圈，勉強算是保留了許多地方性的特質，值得仔細探究，並拿來與現代社會對比。例如，祭祀圈裡所隱含的「民間社會」（folk society）即為其一，從福興宮的尪公信仰，也可看到這樣的特質。

橫坑屬於樹林的淺山坳地，農耕的活動由來已久。在早期農藥尚未普及前，為了避免歉收，每年農曆8月15日都會舉辦「橫坑尪公遶境祭典活動」，藉宗教活動驅蟲來穩定收成。而小小的福興宮即在活動中扮演重要的角色，這種藉由神靈保衛大地的舉措，仍是今日現代社會彌足珍貴的想法。

所謂的「尪公」，一般認為是保儀大夫或者保儀尊王，為唐山過臺灣時期泉州人所帶來的神祇，歷史可遠溯至中國唐朝安史之亂裡張巡、許遠的忠義典故。因此，負有護土、除瘟、防蕃、茶葉守護神等多重任務的尪公，又有「雙忠」之稱。過去在泉漳械鬥時期，對陣的雙方經常抬出各自信仰的神明對槓，泉州人的「雙忠」經常在與漳州人的「聖公」（開漳聖王）互鬥過程中斷手缺腳，因此諺語有云「尪公無頭殼，聖公無手骨」。

除了尪公的故事之外，每次來到福興宮，都會被廟柱右聯的「福德神靈驅惡鬼」所吸引。究竟龜崙嶺山區住著何方惡鬼？從文獻上

來說，這一帶最有「名氣」的精怪，應該屬於張福壽《樹林鄉土誌》裡所記載的石馬：橫坑的入口處，有新竹林恆茂家所築造的墳墓，原本備有石人、石筆、石馬，結構極為完善。但於咸豐年間泉、漳械鬥，造成該墓遭到掘毀埋沒之災厄，另有一說，該墓之石馬化為妖精，夜間經常出入平地，偷回穀物稻葉，因而引起地方農民之憤恨，遂遭掘毀，此傳說當然全係基於迷信之謠言。[4]

雖然石馬作亂的傳說，被認為是以訛傳訛，但馬的實體確實是有的，目前被安置在樹林國小入口處。其實，龜崙嶺若能多一些這樣的動物精怪傳說，似乎也不是壞事，至少讓人感覺這是一座有山靈居住的森林。有一次，散步來到山區制高點的私人水塘，無意間聽到耕作的農人談到他們的玉蜀黍被山豬吃掉了。我的理解是，龜崙嶺目前應該不存在山豬之類的大型哺乳類。我天馬行空地想著，有沒有可能是夜裡山區的惡鬼、山魈、魔神仔或者石馬精所為，似乎夜裡的龜崙嶺確實存在著某種神祕的力量。為此，我開始進行「夜行龜崙嶺」的行動。

剛開始走在完全黑暗的山區產業道路，多少有點不安，由於兩側是簇密的麻竹與綠竹林，一點風吹來，就能使竹林產生「嗶」「啵」之聲，像是鬼魂在黑夜裡的警告。然而，也只有在這個時候，才可以看到夜行性的龜殼花鑽出草叢，趴在柏油路面等待獵物。過去曾在許多龜崙嶺山區的討山人口中聽到巨蛇的故事，不知道在我的夜行裡，祂是不是默默尾隨著，監視我的一舉一動。

事實上，黑暗裡的龜崙嶺生態非常豐富。雖然它仍是一座到處是墳墓的山，但是暗林裡有竹雞「幾個乖」、「幾個乖」地叫個不停，森林深處傳來領角鴞單節的嗚嗚，像從洪荒時代傳來的聲響，穿越現代文明的邊界。土洞裡有山上人稱為「鯪鯉」（lâ-lí）的穿山甲、

有白鼻心與夜鶯，以及各式各樣的毒蛇，諸如青竹絲與龜殼花。當然，燈火通明的福興宮也一直佇立在那裡，為夜裡山區迷路的人點起一盞小燈。

註釋

1. 陳玉峰等著，《山災地變人造孽：21世紀臺灣主流的土石亂流》，臺北：前衛，2012，頁285。
2. 吳曉黎，〈宗教作為集體身分〉，《社群、組織與大眾民主：印度喀拉拉邦社會政治的民族志》，北京：北京大　出版社，2009，頁79。
3. 林美容，〈由祭祀圈到信仰圈：臺灣民間社會的地域構成與發展〉，中央研究院「臺灣研究網路化」網站，1996。
4. 張福壽，《樹林鄉土誌》，樹林信利構販組合，1938（昭和13年）。

王清 1953

我，是你鋤頭的柄，是你家屋的門，是你搖籃的木，是你棺材
的板。

　　　　　　　　——里斯本廣場上，一棵盧西塔尼亞樹上的牌子

　　幾年前，我片面得知龜崙嶺山區有一段與白色恐怖時期的有關
誤殺的歷史，當時對此事件毫無頭緒，雖曾試著前往三角埔頂山一
帶，尋找這個文獻中的「隱蔽基地」，但不了了之。後來才知道，
就在自己日常散步的橫坑山區，居然藏著一段鮮為人知的白色恐怖
事蹟，與前述的隱蔽基地事件也有關。那是一位叫做王清的青年，
在這一帶山區躲藏了四年，最後被捕並且遭到槍決的哀傷故事。王
清的妹妹王阿貴至今仍健在，現年七十七歲。在樹林文史工作者鄭
至翔對王阿貴的訪談稿中，可以略知王清被捕後火葬的過程：

　　我哥哥是農曆8月17日死的（按：王清實際槍決的時間為1956
年9月21日），他8月14日有寄一封批（按：信）給我，批中寫說，
抬頭望明月，低頭思故鄉。我看著批就哭出來，我跟媽媽說，哥哥
寫這張批很不好，她說，妳讀給我聽，聽了，媽媽哭，我又再哭。8

月17日就被槍決，同時法院寄來一張批，說是要領屍體或是骨灰。接到批的隔天我就跟三哥、媽媽一起去，三哥沒讀書，當時在走蕃仔反（按：躲避日人）沒讀書。

那一年我剛畢業，我們在臺北車站下車，甘苦人多用問路的，三哥不識字由他牽著媽媽，我來問路。沿路問到殯儀館，我拿出單子給殯儀館的人看，說要找我哥哥，他說你哥哥已經死了。我說，死了現在放哪裡？我要看。火葬場的人就告訴我往那邊左轉那條巷子。我們到了的時候都已經進去燒了，爐口差不多一個人寬一點，爐口上方有寫名字，我們一到我就跪下去，在爐子前面告訴哥哥說，阿公、阿爸、阿母，你弟弟、妹妹都沒他辦法，誰害你的你去找他算帳。[1]

在臺鐵臺北機務段擔任練習生的王清，因為「匪樹林三角埔隱蔽基地叛亂案」，被當時的軍警以「瓜蔓抄」的方式牽連捲入，最後被判死刑。在《安全局機密文件：歷年辦理匪案彙編》裡，關於此案的「官方」簡述如下：「該案主嫌張潮賢（樹林人）遭到朱毛匪黨吸收，並繼續吸收樹林在地人周源茂、黃家猶與王清等人，由黃家猶收購手槍三枝、子彈三十發以及手榴彈十二枚，以供叛亂之用。1950年4月，這些「匪徒」開始匿藏於山區。期間還私串國軍幹部，購買軍中的手槍。」

1954年8月11日，張潮賢、王清等人最後在樹林的周歧山墓地遭到逮捕，起出了駁殼槍（毛瑟槍）、白朗寧手槍、手榴彈與匪書、文件、地圖與筆記等。後續，該案的主要涉案者在很短的時間就遭到「執法」。

王阿貴

　　如果不是親自採訪到王清的家屬，依舊很難相信就在橫坑這樣的小山坳，居然也有離奇的白色恐怖的事蹟。2017年初春，鄭兄與我前往樹林的坎仔頭探訪王阿貴女士。王阿貴看起來精神奕奕，憶起王清時仍然可以清楚說出兄哥逃亡山區時期，每天為他送飯的過程。王清從通緝到被捕期間，在龜崙嶺山區餐風露宿地躲藏了四年，除了橫坑以外，藏匿的地點甚至遠達數公里外的大菁坑一帶。

　　王阿貴老家就位於東和街上的一間傳統磚造平房，屋子後面倚著一片用來養雞鴨的小坡地。過去在山區散步時，經常被這間樸實的民宅所吸引。一日黃昏徐行經過時，陽光篩過樹葉，駒光過隙般地落在鐵皮與石棉瓦混搭的雞寮。由於我身上正好背著相機，於是忍不住停下來為此拍了一張照片。當我慢慢靠近產業道路的水泥護欄時，守護雞寮的老狗馬上盡責地對我吠叫，叫聲中還夾雜著幾分乾咳。

　　我始終記得那天的東和街山區。山風吹動產道兩側的樹林，發出沙沙的聲響。遠方的叢林，大約間隔十秒就會傳來嗚一聲的鳥叫，如喪考妣地劃破山林。我經常在傍晚的橫坑山區聽到這個嗚聲，由於對鳥類不熟，一直無法判斷究竟是由何方神聖所發出來的。後來逐一比對網路上鳥友所錄下來的鳥鳴聲，方才確認是領角鴞的聲音，一種廣泛分布於臺灣低海拔地區的「夜貓子」。

　　早期山邊的居民視領角鴞為一種「報喪鳥」，認為嗚的叫聲會為附近村落的人帶來死亡。林美容在《魔神仔的人類學想像》書中提到屏東林管處巡山員，同時也是貓頭鷹環境教育負責人劉老師與領角鴞之間的緣分，讀來分外精彩。在南台灣從事生態教育工作的

東和街的王阿貴老家

劉老師說，從屏東萬巒一直到墾丁的山區居民，一直將領角鴞的叫聲當成是魔神仔的呼喚；附近的排灣族則稱貓頭鷹為 Balisi，是惡靈，也是死亡的徵兆。以領角鴞為碩士論文的劉老師所努力的，是希望慢慢除去人們對牠們的誤解，轉而從生態保育的觀點視之。[2] 報喪鳥也好，Balisi 也好，或甚至不孝鳥也罷，無論如何，我很珍惜這種能在低海拔人為過度開發區域生存、甚至懂得利用民宅廚房的排油煙管來築巢的貓頭鷹，能夠出現在橫坑山區。不過，也因為領角鴞從密林深處所傳來的嗚嗚聲，似乎暗示著這片山區曾經凝結著一段哀傷的過往，而故事居然就和我經常駐足遠觀的這戶平房人家有關。

　　王阿貴認為兄哥之所以會被通緝，是因為有人買了一本「外國書」而被牽連。逃亡期間，媽媽每天傍晚都會把飯菜準備好，對著山佳國小剛下課的女孩王阿貴說：「去！去送飯！」由於天色昏暗，小女孩常常得摸黑入山才能完成任務，然而她說自己毫不懼怕，話語裡埋藏著山上人家的豪氣。在白色恐怖風聲鶴唳的日子裡，平地來的警察每天都到山區村落抓人。由於害怕受到無端牽連，村內的年輕人紛紛逃離山區避風頭。[3] 王清藏匿山區期間，妹妹會將食物放在事先約定好的地點，用碗公倒蓋起來以避免被其他動物吃掉。有時候也會在山上與兄哥短暫相會，幫忙兄哥搭建逃難用的草寮。她說，兄哥在就讀山佳國小的時候功課總是第一名，因此在山上見面時，王清常常就在現場教她寫作業。就這樣，王阿貴從國小一年級送飯送到四年級，直到某天送了一顆肉粽上山給兄哥，不小心被鄰居溪叔公發現報警，王清等人不久後就在大約兩公里外的周岐山之墓被捕，三角頂祕密基地案隨後也宣告結束。

王清 1953

王清的遺像

　　那天，在東和街老家前面的廣場，我拿紙筆請王阿貴畫出當年送飯的路徑及王清藏匿的地點。老人憑印象舞動著筆，路線圖有著孩童一般的風格。那一刻，她的腦中應該也浮現著送飯給兄哥的畫面。後來，我請她拿著王清的遺照，在老家門前面拍了一張照片。我想，這應該是他們兄妹唯一的合照。

　　那張王清的遺照是從他與當時鐵路局同仁的合照中擷取的，被王阿貴的三嫂何阿允女士收藏，像祕密一樣鎖在東和街那間磚造的老房子裡。照片中王清張嘴微笑，頭微微歪向左肩，好像不久前正低頭忙著一件愉快的工作，忽然間有人說：「嘿！王清，轉過頭來拍張照吧。」笑容裡有著十多歲男孩的清爽與羞澀，眼睛深處似乎還可以看到一段美好的人生藍圖。

　　據說王清遭槍決以後，遭受重大創傷的母親將所有他的獄中書信與繪畫全都丟到山裡。事過境遷後，當王阿貴拿著兄哥那張鐵路局時期的照片給母親看時，很可能因為創傷後的心理否認機制，母親竟說那不是王清。另一張官方檔案裡的王清照片，面臨槍決前的他，眼神顯得空洞而恍惚了許多。他左手撫摸著脖子，既像在搔癢，又像在想這一切怎麼會發生。頭一樣微微向左偏，神情與其說是憂鬱，不如說是怨懟。除此之外，我再也無法從照片中解讀出什麼了。

　　這是臨死之人所拍的照片最大的特質，因為他沒有了未來，他的未來凍結在這個「沒有未來」的當下，就像攝影的本質，某方面阻止了人類的繼續生長。同時，我們從許多案例可知，白色恐怖時期遭槍決的死刑犯，官方都會拍攝一組生前與死後的照片。曹欽榮在訪問政治犯王永富時，曾如此描述臨刑前的攝影：

上：王清行刑前遺照
下：王阿貴與王清的生死合照。

王清 1953

每個人犯進了軍法處，都要先拍照。如果是死刑犯，之後還有兩張。一個跛腳的攝影師，會到槍決現場拍兩張照。一張是執行槍決前的照片，一張是屍身上的槍孔。有這二張，才能報銷……嘉憲和我同房。被叫到時，按照慣例，我們會遞給他一些牙膏，讓他刷牙。刷完，他換好衣服，跪下來，從包袱中拿起他母親的三吋照片，一直看，眼淚一直流。然後被帶出去槍決。[4]

那位跛腳的攝影師給人一種小說般的身分感，雖是一個跛腳的人，卻是官方槍殺生命的見證者，就像拿筆寫歷史的人——官僚的最初原型。由於槍決多半是朝死刑犯正面開槍，以致我們看到的死刑犯照片有許多是眼睛睜大、臉部炸開的殘酷畫面。朝臉部開槍的行刑方式與後續拍照記錄，是互有關聯的，這是一種報復性的手法，為了呈現出死亡慘烈的一面。詳細考察當時的死刑判決書，我們便可發現蔣介石親手批示、修改了許多判決公文，並多次直接駁回判決書上的有期徒刑，直接改為死刑，可知其介入死刑的判決程度是很深的。由此可知，這些殘酷的照片最終是為了回報給蔣介石。

送飯之路

究竟王清在山上過著什麼樣的生活，而王阿貴的送飯之路怎麼走，仍是一個未解之謎。過了幾天以後，在橫坑山區種了一輩子菜的三嫂何阿允，繼續帶我們走訪那段送飯之路。探路當天，山區飄著微雨，在山上種菜的人果然身懷絕技，即使有點年紀了，何阿允在山裡的行動完全不輸給年輕人，幾乎可說像穿山甲一樣靈活。爬過幾段陡峭的麻竹林之後，老人指著一個由六塊石頭搭起來的簡易石龕說，這裡就是王清死後骨灰壇暫厝的地方，石龕下方不遠處，正是當年害死他的溪叔公的房子，據說裡面已空無一人，只剩下溪

上：何阿允說，就是這裡了，王清以前就睡在這裡。
下：放置王清骨灰罈的簡易石龕（骨灰罈已經移走）

王清 1953

叔公的靈位。再往上一小段路，何阿允指著一簇荒野多時的莿竹林說，王清以前就睡在這裡，在莿竹還沒有長出來之前。

在莿竹還沒有長出來之前。這是一片白色恐怖籠罩的山野，如今莿竹已然成簇。何阿允搓揉著幾根竹子的細枝，凝視著素未謀面的大舅子以前逃難居住的地方，那手勢，像是她與山裡的亡者和山上萬物之間，一種很親暱的肢體語言，如同幾經加密過的密碼一般。這種肢體語言平地人是不容易懂得的。

而在莿竹還沒有長成簇之前，為了躲避上山盤查的警察，王清等人以游擊的方式，在山區不斷移動住宿點。甚至，安全局的文件裡提到，「張匪潮賢」等人在山區藏匿期間，仍不時對山區民眾介紹及閱讀〈中華人民共和國開國文獻〉、〈怎樣接近農民〉、〈向群眾學習〉、〈唯物史觀精義〉等書，並且準備建立穩固的三角埔頂隱蔽基地，一旦國軍反攻大陸，就趁勢在臺島後方空虛的情況下發動游擊戰，迎接反擊的解放軍。安全局的報告書還特別「褒揚」了他們一番，說張匪潮賢等人在極端艱苦的環境下逃亡，露宿餐風之餘，還能夠持續從事叛亂活動，將山區組織發展到四十餘人，「類此頑固精神，頗值我工作同志警惕與取法。」[5]但是，閱讀過官方文件的人，對相關說詞應該要保持一定的懷疑。例如，若以王清的藏匿地以及王阿貴為王清送飯的模式來說，他應該未與張潮賢等人住在一起。游擊隊的居住模式應該是分分合合的，一方面獨居更為隱密，另一方面也可分散集體被捕、一夕覆滅的風險。

後來，何阿允帶我們循山路下切，探訪相隔百來公尺的「大平臺」，另一個王清藏匿的荒陬之地。此時，天空雨勢轉大，雨滴答答地拍在沿途的姑婆芋與月桃葉上。連著好幾個月的乾旱，我邊揮刀開路、邊祈求著這場春雨下大一點，好讓石門水庫多收一些水。

後來又想到，冰冷的雨滴是不是也像王清的淚水？那麼多年來，未曾有人造訪他的逃難之地，天空都為這段至今逐漸微明的歷史而流淚？王阿貴說，在獲悉警察準備大舉搜山之際，媽媽用鹽炒了米，讓王清等人背著，以免躲藏時挨餓；還準備了幾只金戒指，讓他們當作逃難時的盤纏。最後，他們一行人在山下線民的通報下，在今日的樹林第二公墓一帶被捕，隨即移送到臺北的監獄，手上逃難用的金戒指也被強行拔走，至今下落不明。

看過這些掩埋在叢林裡的逃亡「遺跡地」，不禁訝異，從1949年4月到1953年8月這四年多來，王清的最後歲月是怎麼過的？睡覺時地上鋪的是什麼？下雨時用什麼來遮雨？那些夜晚，領角鴞是不是一樣在黑暗的密林裡嗚嗚地哀鳴？也令人想起黃錦樹筆下的馬共、也是導演廖克發《不即不離》紀錄片中的馬共，他們在叢林裡組織游擊隊，度過了人類史上最長（也最孤寂）的共產主義抗爭。許多人在森林裡無盡的等待中去世，像貓咪的死亡一樣神祕而寧靜，從此靈魂在森林裡遊蕩。《不即不離》裡有這麼一段話：「森林裡有很多孤魂沒得吃，人們會帶很多東西去祭拜他們。」

戰後臺灣發生在山區的數個白色恐怖案件，如石碇的鹿窟基地案或龜崙嶺的三角埔祕密基地案，一方面是國共內戰的延伸，一方面又像馬共一樣，是共產主義者在森林邊緣的掙扎——當然，更多是冤錯假案。同是政治受難者的張茂雄，在他所建置的「戰後政治案件及受難者資料庫」（Taiwan Holocaust）裡提到，王清被捕後，僅承認參與過張潮賢等人的讀書小組，閱讀過《勞動問題》等書，但堅決否認與張潮賢等人一起參與「叛亂」運動。王阿貴更不斷強調，王清確實是「白布染成黑布」，是被朋友以口頭牽連的方式捲入的。如果是這樣，他的委屈該有多大？

王清 1953

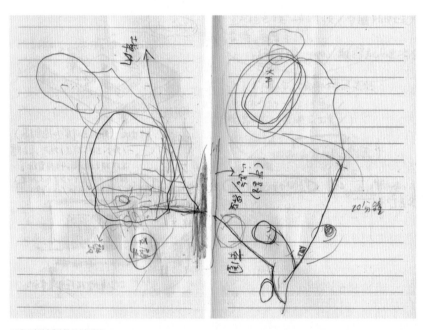

王阿貴繪製的送飯圖

近年來，愈來愈多的研究顯示，白色恐怖時期的冤錯案例為數眾多，但是許多人從案發到被捕、槍決之間，僅經歷很短的時間，無法留下足夠的資料；僅存的官方資料又經常自相矛盾，在可信度上打了很大折扣，導致許多可能的無辜受牽連者，在歷史文獻上形同空白。或許正因為文獻上的空白——或者話語上的沉默，讓了這段歷史不但沒有消失，反而成為重構當代臺灣史的重要基礎。

　　下山途中，淚珠般大小的雨，繼續滴著，我們經過一株樹形高聳的烏心石，粗大的樹根緊緊攀住野溪畔的碎石坡面，初步估計樹齡應該有六、七十年了。我不禁猜想，在王清的躲藏期間，這棵烏心石會不會已經長在那裡了？大樹散發著幽靜的氣質，讓周遭的森林都安靜下來。我想起約翰・伯格在《我們在此相遇》裡，提到葡萄牙里斯本廣場上的那棵盧西塔尼亞樹（lusitanian，絲柏樹，而lusitania意思是葡萄牙人），樹旁的牌子寫著：「我，是你鋤頭的柄，是你家屋的門，是你搖籃的木，是你棺材的板。」這些橫坑山區的事蹟，死者的倒影，或許有一天也會像那棵隱藏在密林裡的烏心石，成為我們精神上的柄、家屋的門，搖籃與棺材。

註釋

1. 鄭至翔，〈樹林地區白色恐怖案例〉，「迷蹤樹林走出暗夜」網站。
2. 林美容、李家愷，《魔神仔的人類學想像》，臺北：五南，2014，387-389。
3. 橫坑山區的土水伯口述，2017年2月採訪。
4. 曹欽榮，〈歷史紀念館的展示敘述：身體、紀念與歷史關聯的初步探討（二）〉，「綠島人權藝術季」網站。
5. 李敖，《安全局機密文件：歷年辦理匪案彙編》，臺北：吳三連台灣史料基金會，1991，頁209。

橫坑仔庄附近之戰鬥圖 1895

　　追索王清故事的期間，有天在中央研究院「臺灣百年歷史地圖」的線上套圖系統，找到一張名為〈橫坑仔庄附近之戰鬥圖〉[1]（以下簡稱〈戰鬥圖〉），我才發現，龜崙嶺山區居然也是 1895 年日本侵臺的乙未戰役戰場之一，頓時覺得龜崙嶺的身世不單純。

　　該圖為《攻臺戰紀》附冊：〈日軍攻臺戰鬥地圖集〉的三十一張套圖之一，附錄於 1904 年日軍參謀本部所編纂的《明治二十七、八年日清戰史》中。為什麼日本會對家鄉這其貌不揚的龜崙嶺感興趣，進而勞師動眾地派軍討伐？我依循著〈戰鬥圖〉探索踏查，希望能理出一點頭緒。以下對龜崙嶺戰役路線的踏查，大體上參照了日方留下的檔案，以〈戰鬥圖〉、《乙未之役：隨軍見聞錄》（以下稱為《隨軍見聞錄》）及《攻臺見聞：風俗畫報・臺灣征討圖》（以下簡稱為《臺灣征討圖繪》）為主。

內藤支隊的運動

　　根據記載，1895 年 7 月 22 日凌晨，日軍從新莊打類坑（今迴龍樂生療養院下方一帶）上山，僅花了不到兩天的時間，即攻克龜崙

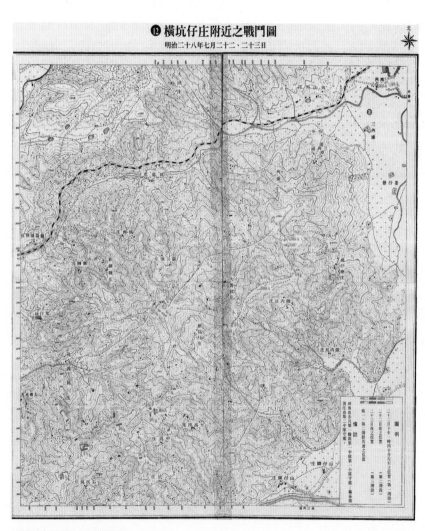

〈橫坑仔庄附近之戰鬥圖〉，1904

橫坑仔庄附近之戰鬥圖1895

嶺。雙方的部署，從〈戰鬥圖〉上面的番號縮寫可以看出，日軍派出來自東京的近衛師團第四聯隊，聯隊長為後來發動三角湧大屠殺的內藤政明大佐。龜崙嶺的抗日義軍，史料記載是以詹清池的第五營為主，駐守大菁坑到龜崙嶺（今日的大棟山405高地）一帶，並以大棟山為主陣地。

主陣地的前方，義軍在今日大同山山頂與稜線上，布置了兩個前哨據點。主陣地的後方，義軍也在大高坑、石灰坑山一帶的320高地連峰（最後決戰點，即旨雲宮對面一連串山稜，現為新北市與桃園縣交界線），分別部署了幾處後備的陣地。

《隨軍見聞錄》裡的日方隨軍記者寫道，7月22日早上龜崙嶺山區籠罩在晨霧之中，內藤大佐率領三個步兵中隊及一個砲兵小隊（攜帶山砲兩門）、工兵小隊，從打類坑上切今日的樹林三角埔頂山（標高284公尺），隨即兵分二路包夾大棟山。[2]

左路為策應部隊，以第四聯隊第六中隊（〈戰鬥圖〉中的部隊代號為「6/4」）為主，穿越山谷直抵桃園縣龜山鄉境內的關公嶺山頭，並於該晚聯合右路共同佔領義軍設於大棟山頂的主陣地。由內藤支隊長親自帶領的右路，為日軍此次戰鬥的主力，下轄近衛師團最精銳的第五中隊與伊崎良熙少佐的第八中隊一部分，兼有一個砲兵中隊隨行。[3]右路主力部隊從三角埔山頂啟程，隨後抵達271高地（現在的青龍嶺），並在不久之後對一座無名山發動攻擊：

不久，濃霧逐漸散開，發現隔著前方幽谷之敵兵佔領其高地，搭建監視小屋，興築堡壘，並抬槍向我軍射擊……敵方在後方山上豎立兩根旗幟，亦搭建監視小屋，發射抬槍。正好此時我軍有一門山砲攀過顯坡抵達，乃立即對面前山上的敵軍展開砲擊。[4]

右路主力攻克的這座無名山頭，比對《臺灣征討圖繪》裡的記載，可能是大菁坑山旁邊的無名雙連峰土丘，義軍在該處築有碉堡及瞭望哨，在日軍砲擊下，義軍約五、六十人開始退卻。經過實地考察，目前這一帶已經被山友搭了休息用的寮子，取名「迴音亭」，旁邊一座山頭還用簡單木牌刻了「威遠山」三字，掛在山頭，下面擺了幾個座位，供登山健行者休息。

　　文獻同時記載，日軍共運來二門山砲架設於該處，距離大棟山直線距離僅七、八百公尺，對義軍構成直接的威脅。其後，內藤的右路軍也緊接著推進到大棟山周遭（文獻記載這是一座「連一棵樹也沒有」的禿山[5]），基本上完成了對義軍主陣地的包夾之勢。

　　上午十一點左右，日軍對大棟山發動砲擊。由於義軍堅守不撤，砲擊無果，內藤於是下令左路軍的第六中隊直接衝鋒。雙方戰至黃昏時刻，仍未有分曉，日軍因為整日作戰而略顯疲態，正當內藤決定所有部隊就地進行野戰露營之時，左路的第六中隊突然再次發起一陣衝鋒，一舉攻下義軍的主陣地。

　　此時，整個山區僅剩南方幾個高地仍有義軍駐守。其中最主要的據點，位於大棟山南邊二百多公尺的320高地連峰，大致上就在今天旨雲宮東側的新北市、桃園市行政區的分界山稜。

　　一夜野營之後，7月23日早上，內藤下令對320高地連峰進行最後攻擊。除了第六中隊直接由大棟山南下以外，另調遣兩個步兵中隊進行「大迂迴」，準備與第六中隊南北再次施行夾擊。向南迂迴包抄的兩個中隊，依〈戰鬥圖〉的路線看來，先是下切到橫坑溪谷，隨即繞上今日第六公墓後方的牛埔山（235高地），然後循著稜線，逐步向北推進。

　　這段大迂迴的山路險惡難行，軍隊行動起來十分困難。文獻記

橫坑仔庄附近之戰鬥圖1895

載，參與大迂迴行動之一的第五中隊，從「敵兵所盤據的後方深谷」仰攻，可以判斷攻堅之困難。在近衛師團兩支現代化軍隊的夾擊下，320高地連峰的義軍，仍堅守三個小時未退。作戰過程中，隨軍記者寫道：「瞥見三角湧一帶火燒敵家之火焰直上天際」，那是遠方正在屠殺三峽居民的山根支隊所引燃的火焰。

為了呼應山下的攻勢並且避免夜長夢多，日軍又經過一陣猛攻之後，終於攻陷320高地連峰。這場龜崙嶺戰鬥的最後一役，《臺灣征討圖繪》留下了簡短描述：「此次攻擊行動，共擊斃敵兵三百至五百餘人，傷者不詳，並將他們的巢窟全部化為焦土。」[6]

上述關於龜崙嶺戰鬥中內藤支隊的運動路線，主要根據日方文獻，輔以臺灣「經建版地圖」及現場判斷得出，嚴格來說只能算是推測。臺灣方面對龜崙嶺戰鬥的敘述，則有更多出入。例如，陳文德的《1895年：決戰八卦山》，對戰鬥中日軍左、右兩路之描述，與日方隨軍記者不同，書中也未附註參考資料，無法得知事實考證的來源。另外，黃秀政被視為經典文獻的《臺灣割讓與乙未抗日運動》，則對此役無甚解說，僅有「內藤政明大佐亦率內藤支隊本隊自海山口（今新北市新莊區）向塔寮坑南方前進」等記述。

這是對日軍攻擊今日龜山區一帶的龜崙嶺車站（現已不存在了）的描述，也是龜崙嶺山區戰鬥的前身。在臺灣檔案稀少、日方檔案又必然傾向於侵略者的單向記述，且事隔多年，相關人物已然凋謝等情況下，對於事件的釐清更形困難。

知的迴路

在檔案甚為缺乏的情況下，有時不免懷疑，類似龜崙嶺如此小

由義軍的最後據點「320高地連峰」，回眺龜崙嶺（遠方山頭觀測塔之處）。

橫坑仔庄附近之戰鬥圖1895

規模的戰事，連樹林在地人都不太清楚，應該不會有外人對此感興趣。若不是對這片遭人為活動嚴重入侵的山區有情感，恐怕我自己也不會花那麼多時間進行史料與現場的交叉比對。

退一萬步說，縱使推敲出幾個日軍與義軍的據點，究竟又有什麼價值？對於這點，我也無法說明清楚。不過，若從帝國主義者所建構的地圖，反過來回推出屬於我們的未明歷史，也算是一種知識生產的迴路。尤其〈戰鬥圖〉這種軍事地圖，比起記者的文字描述或當時的浮世繪作者，看起來多了一份客觀，至少上面也清楚標示出抗日義軍的部署——在這點上，連臺灣自己的文獻都是空白的。因此，依據這張地圖，或許我們對當年的抗日義軍有多一份具體的想像。

後來，我循著〈戰鬥圖〉的路線重新回到現場。首先是日軍從新莊上山的第一個集合點——三角埔頂山（又名羌子寮山）。現在的三角埔頂山，一條黃土路直通山頂，附近的山野芒草廣袤，一眼望去猶如澎湖的曠野，有種無法收拾的蒼茫。記得楊南郡老師曾說過：「在山裡遇到芒草要注意，一定發生過事情。」楊老師認為，森林裡只要忽然出現一叢芒草，多半是人類活動的痕跡。而三角埔頂山之所以覆滿大片芒叢，原因來自每幾年為一週期的山林野火。

這一帶的淺山臨近市區，人類活動極為頻繁。有偷倒垃圾的人、運動的人、慢跑的人、唱歌的人、失意的人與交易毒品的人……也許還有偷偷放火燒山的人。山上也總可以看到人生的百態。在這裡運動的老人，習慣在腰間別上一只行動收音機，小小的喇叭總是播放出早期臺語歌和哭腔淒慘的日本歌。有時，廣告中也會傳出「惹熊惹虎，毋通惹到恰查某……」之類的臺灣俗語，傳遍山野。人們在這裡活動的目的是為了消耗自己，無論是老人、帶計步器運動的

青龍嶺，淡水河廣播電臺發射臺。

橫坑仔庄附近之戰鬥圖 1895

靚裝女子，或是在造型滑稽的香菇狀涼亭下，擺著兩瓶米酒坐一整天的閒男，想盡辦法消耗自己。

　　三角埔頂山山頂平緩而遼闊，聚集三、五百人的軍隊應不成問題，或許這是內藤大佐以此地作為日軍前進據點的原因。山頂展望良好，向北可以清楚眺望林口臺地工業區煙囪飄出的煙霧，向南則全覽PM2.5籠罩的大臺北盆地。過了三角埔頂山，不遠處是昔日內藤支隊右路主力的第一個停駐點——青龍嶺。這個山頭目前分布著幾家卡拉OK，假日時則會形成小型市集，是一個很熱鬧的地方。FM89.7的淡水河廣播電臺也在此設立發射臺，數米高的發射臺送出的音波，透過大氣頻率娛樂著山下城市的人，也撫慰著深夜手握方向盤的計程車司機孤寂的心靈。

　　過了青龍嶺以後，右路軍大致沿著今日的青龍嶺—大棟山的稜線前進，一路挺進。左路軍的路線，則是從三角埔頂山往桃園的關公嶺行進。為了釐清這條路線，我與鄭至翔先生來到青龍嶺的清德宮。經詢問廟前「幸福咖啡」的女老闆，才知關公嶺山區的北天宮上方不遠處，有個被開發為「幸福休息站」的山嶺。女老闆惶惶不安地說，那一帶「很陰」。她說，乙未戰爭期間，祖父輩曾將上千斤的稻穀供應給帶著婦女與小孩一同過路的抗日義軍食用。後來，義軍就在「幸福休息站」一帶遭到日軍屠殺，「血從現在的幸福休息站流到山下。」

　　因為曾經支助過義軍，女老闆的家族被日本列為黑名單，當時所有的苦役，都優先徵調她們家族的人。而一說到「幸福休息站」，清德宮前聊天的婦女也紛紛附和道，她們一到那裡就會全身發冷，過去在那邊開發的某君也因為砍了樹而中風，可能樹上還附著當時義軍的幽靈。至於7月23日夜晚，日軍攻克的最後據點320高地

上：三角埔頂山的山頂，下：幸福休息站現況

橫坑仔庄附近之戰鬥圖 1895

連峰，〈戰鬥圖〉上對這個據點的標示頗模糊。

2017年，農曆年的小年夜，大風再加上低溫中，我帶著草刀劈山而上，到了這串被推定為最後據點的縣市交界稜線。稜線的位置相當險峻，但也大多被私人闢為菜園，若還有戰爭的遺跡，此時應該也已消失了。這一帶山野極為寧靜，就像一切都不曾發生過。

總而言之，發生在龜崙嶺的戰事規模很小，而大約在同一時刻，三峽則爆發了更為激烈的隆恩埔以及土地公坑戰鬥。對這些發生於我所生活的大嵙崁溪谷地的戰事，中研院臺史所的謝國興指出，在當時並非所有人都站在武裝抗日的前線，大部分的中產階級是在「捶胸泣血，誓同死守」與「冷漠以對，看事辦事」之間搖擺。[7]

無論如何，臺灣在失去清帝國的屏障下，仍然出現了許多以庶民為主的抵抗勢力（屏東甚至有婦女百人組成的女戰士隊[8]），在許多類似龜崙嶺山區的小地方進行抵抗。若從保護自己的家園、生活領域不受暴力侵犯的角度出發，才能領略抗日庶民犧牲的真義。

戰爭的敘事

第一眼看到〈戰鬥圖〉時，除了軍事動線引人注意之外，首先就被漂亮的等高線繪圖吸引，心裡驚訝著，日本怎麼有辦法在一百多年前，就將家鄉樹林的龜崙嶺畫得那麼詳細？〈戰鬥圖〉的地圖出版於戰爭結束後十年，多少仰賴1898到1903年間「臨時臺灣土地調查局」所埋設的三角點為基準，才可能在1904年畫出如此細緻的圖資。

然而，為什麼日本要在多年後重新繪製乙未戰爭的過程？日本測繪的技術又是如何發展的？關於這點，徐瑞萍在其碩士論文〈20

世紀臺灣中比例尺地形圖套疊之研究〉提及：

　　明治28年（1895）中日簽訂馬關條約後，隸屬日本參謀本部的陸地測量部即成立臨時測圖部，並派遣大批測量人員隨近衛師團來臺從事測圖工作。大致在明治29年（1896）年底，完成全臺蕃界以外的平原和丘陵以及東部自縱谷到海岸的五萬分之一地形圖。[9]

　　徐瑞萍認為，日殖初期的測量技術尚屬粗糙，直到大正三年（1914）全面透過三角點技術所繪製的《臺灣堡圖》，才有了較為精確的地理測量。縱使如此，當時粗糙的等高線圖與今日對照，仍具有很高的參考價值。相對來說，清帝國時期的臺灣地圖，就非常圖像化，特別的是，愈早期的地圖愈「寫意」，有學者認為這是清帝國「消極治臺」的結果。（編按：直到1874年「牡丹社事件」後清帝國才轉為積極）

　　在日本治臺之前，清帝國的臺灣輿圖實際上已具有一定水準。從1880年《臺灣輿圖》中的〈全臺前後山輿圖〉來看，圖面採行格林威治經緯度來記里畫方，所側重的是縣廳級以上行政建制與道路系統的標註，省略了過去輿圖經常出現的山岳、軍隊與聚落的定位，[10]顯示清帝國對臺的行政治理，態度轉向積極，也更細緻。縱使如此，與〈日軍攻臺戰鬥地圖集〉詳細的等高線系統相較，仍遜色許多。

　　仔細探究，為什麼日方要在乙未戰爭十年後，出版如此詳盡的戰事地圖，實在令人費解。然而，若放在軍國主義蓬勃發展的背景下來理解，就不難領會，這套等高線軍事地圖應該具有一定的作戰研究價值，從此也可看出日方在戰爭知識化上面的努力。

橫坑仔庄附近之戰鬥圖 1895

乙未戰爭期間，日方也制訂了「新聞記者從軍規則」。「內地」（日本本土）共有66家報社、出動了114名記者隨軍採訪。日方也注意到國際輿論的認同問題，因此特別批准西方記者參加戰爭。其中，以兼具商人身分的美國記者詹姆士‧達飛聲最為著名。

　　日方同時也允許十一名從軍畫師和若干軍中攝影師隨行。當時在日本仙台市開設寫真館的遠藤誠，便是其中的參與者，後續還出版了《征臺軍凱旋紀念帖》，成為乙未戰爭時期重要的影像紀錄。[11]而從軍畫師的創作，以東洋堂所出版的《臺灣土匪掃攘圖繪》、《臺灣蕃俗圖繪》、《風俗畫報臨時增刊臺灣征討圖繪》、《臺灣征討圖繪》的浮世繪為主。

　　相形之下，清帝國的媒體陣容不僅薄弱，甚至對戰爭有完全逆反的報導。例如，當時的《香港日報》出現了《劉大將軍擒獲倭督樺山斬首全圖》、《劉大小姐破倭奴圖》等圖，呈現臺灣仕紳階級與「蕃人」同心協力戰勝日軍的假象。事實上，日本攻臺期間，原住民族因為過去與漢人的長期衝突，對日本入侵漢人社會普遍處於觀望的狀態。清帝國之所以假造新聞戰報，主要目的是為了誘導西方國家介入調停戰事。

　　乙未戰役日方的媒體操控技術，已出現某種開放性的自由生產——更精確地說，是影像媒介整合的新自由主義化。吉歐佛利歐‧拉加斯里納為傅柯在法蘭西學院講述的《生命政治的誕生》所提出的辯護，值得拿來探討。傅柯因為《生命政治的誕生》一書，被部分學者認為立場從過去的極端左翼，「轉向」保守右翼。但是吉歐則認為，理解新自由主義的「去中心化」為何能展現如此強大的治理性，比左翼者機械般不斷重複而枯燥的「譴責」更有價值。這顯示出源自左翼批評者的保守與自限，且未從新自由主義的歷史系譜，

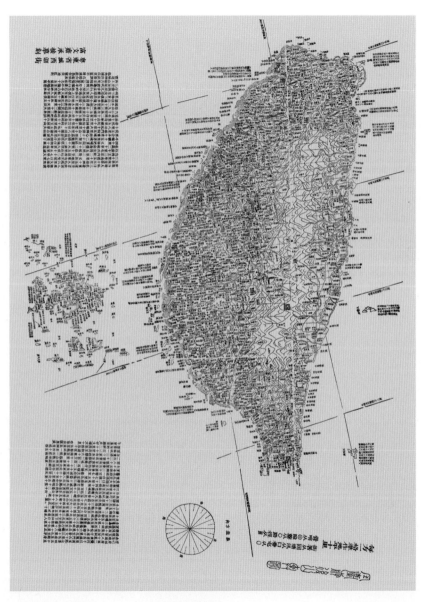

〈全臺前後山輿圖〉，1880年（南天書局提供）

橫坑仔庄附近之戰鬥圖 1895

上：近衛師團第五聯隊於今日臺北市北門一帶休息，1895（臺灣歷史博物館提供）
下：遠藤誠，日本占領臺灣後，在新竹市街聖廟內曉諭臺灣人的情形。圖右站在廟柱旁的
外國人即為美國記者達飛聲，1895（臺灣歷史博物館提供）

來看待人類社會的發展。

事實上，即使在百年前的乙未戰役裡，我們也可以發現新自由主義隱約的脈絡。日本巧妙地透過媒體、出版、浮世繪等技術——雖然是在國家的主導下，卻也容許諸多「個體」，巧妙交織出一種「自由生產」的體系。

從吉歐的角度來說，一旦生產體系出現多元化、多樣化的趨勢，某方面就代表了認同商品的邏輯；而隨著這個趨勢的發展，「國家」表面上成為限縮的對象，實際上卻是蟄伏於暗處，成為揮之不去的幽靈。[12]這預言了今日的當代世界，即國族主義的復辟，透過自由生產、自由市場的機制。

註釋

1. 日本參謀本部編，《明治二十七、八年日清戰史》，東京：東京印刷株式會社，1904。
2. 呂理政、謝國興主編，《乙未之役：隨軍見聞錄》，曾齡儀、陳進盛、謝明如等譯，臺北：中央研究院臺灣史研究所，2015，頁126。
3. 同前註。右路軍於〈戰鬥圖〉中的圖面代號分別為：「$\frac{1}{3}$.84、「$5/4$」、「$\frac{1}{2}$. IIIGA」，以及一個不明的單位「$\frac{1}{6}$.IGP」，應為《隨軍見聞錄》中所記載的「工兵一小隊」。
4. 許佩賢譯，《攻臺見聞：風俗畫報・臺灣征討圖》，遠流，臺北，1995，頁175。該書收錄和翻譯了日本東陽堂從1895年8月30日到1896年2月25日《風俗畫報》之第一到第五編。
5. 同前註，頁176。
6. 日軍參謀本部，《攻臺戰紀》，許佩賢譯，臺北：遠流，1995，頁177。
7. 摘自馮安華，〈翻轉乙未戰爭，中研院臺史所長：臺人不是都抗日〉一文。
8. 伊藤幹彥，〈臺灣民主國防衛戰爭與臺灣民族主義思想〉，遠東學報第二十三卷第八期，2011，頁254。
9. 徐瑞萍，〈20世紀臺灣中比例尺地形圖套疊之研究〉，國立臺灣師範大學地理

研究所碩士論文，2002，頁5。

10. 夏黎明，〈國家統治與知識生產：清代臺灣地圖繪製與區域發展〉，《中興大學歷史學報》第十五期，臺中：中興大學，2004，頁46。

11. 國立臺灣歷史博物館研究人員陳怡宏敘述，摘自2015/04/18《聯合報》，記者周美惠臺北報導。

12. 喬弗魯瓦‧德‧拉加斯納理，〈多元性〉，《傅柯的最後一課：關於新自由主義，理論和政治》，潘培慶譯，2016，頁49。

十三公 1895

　　2016年，中興大學舉辦了「生命、邊界：生命政治、後人文、非人」學術座談會，我在這裡遇見了作家廖鴻基。他在演講中提到一個關於「力量」的例子。他說，過去在東華大學任教期間，每年開學的第一堂課總會問學生：「你們有沒有感受到周遭存在著一股力量？」他指的是距離東華大學幾公里處，亙古以來伏流於島嶼邊緣的黑潮。

　　相對於廖鴻基所提及的黑潮，在我住家旁的龜崙嶺到山下的樹林平原，又存在著什麼力量？這可從〈橫坑仔庄附近之戰鬥圖〉延伸出來探討。

無名的抵抗者

　　透過諸多文獻，我們可以確認，日本近衛師團進入龜崙嶺地區，順著大嵙崁溪走廊推進時，同樣遭到臺灣義軍的強烈抵抗。令我好奇的是，這股民間的抵抗力量終將如何、以什麼形式殘留在今天的社會裡？

　　一般來說，乙未戰爭被認為是「臺灣意識」的誕生，但若從國

族認同的觀點來看，我傾向翁佳音所採用的「反日復清」之說。由於臺灣已被清帝國割讓，乙未戰爭並不是國家之間的戰爭，反而更是一場發自民間的護鄉行動。李文良關於乙未戰爭時期的大嵙崁（大溪）社會的研究指出，在政權交替的混亂狀況下，無論對內的安撫或對外的武力抵抗，由地方人士組成的自治團體，往往扮演很大的功能。這種接近地方自治的特點，正是我想經由〈戰鬥圖〉及乙未戰爭時期臺灣人的抵抗過程，而進一步思考的。

龜崙嶺一帶的戰鬥為時短暫，內藤政明的現代化部隊僅花了一天多的時間，就「幹掉」了整座山區；而抗日義軍的相關訊息，卻十分匱乏。例如，詹清池是誰？他如何帶兵抵抗？相關描述皆付之闕如。山腳下平原地帶的義軍首領王赤牛，在《重修臺灣省通志》裡也只有：「臺北樹林人。光緒二十一年（1895）割臺，召募義民抗日，樹林淪陷，內渡。」[1]這樣的略述而已。

資料的匱乏反而能激起更大的好奇心。在〈戰鬥圖〉路徑的踏查之後，我開始轉向龜崙嶺山下平原地帶的探索。在樹林一帶，關於「我方」唯一留下的具體紀錄，是龜崙嶺山區戰鬥發生後，山下的另外一支義軍與日軍所發生的衝突，後人以「乙未抗日先烈樹林十三公之墓」紀念之。

小時候，我時常從長輩的聊天中聽到「十三公」，因為民間的代代口傳，這十三個幽靈似乎也一直忙碌穿梭在樹林的鄉野。陳文德在《1895決戰八卦山》一書中指出，當日軍迫近樹林，開始執行無差別屠殺的「掃蕩令」行動時，王赤牛決定帶領義軍退往郊山一帶繼續抵抗。

撤退過程中，一支由十三名成員組成的殿後部隊，因見到日軍進入市街殺戮，遂決定留下來反擊。這十三位義軍據守的地方叫做

汴頭營，位置大約在今日樹林拖吊場的圳腳岸一帶。[2]他們從傍晚戰至深夜，直到全體殉難。今日，佇立在新樹路邊的碑文刻鑿著這段歷史：

六月初一日天未明，倭寇自臺北城起大隊經新莊，沿火車路線包圍樹林，到處放火，樹林村落遂化為焦土矣！當日樹林抗日義勇團先鋒隊駐在汴頭營，突遭倭寇包圍，明知寡不敵眾碩，人人戰死而失臺，決不拱手而讓臺。抱必死之決心，自辰至午浴血奮戰，終遂其殺身成仁馬革裹屍之十三人，同時戰死，里人收其屍卜風櫃店張厝圳右岸田頭，稿葬一穴。因稱十三公名留碑陰以上曆日從夏曆。

從十三公的事蹟到後續三峽、鶯歌一帶的抗日歷史紀錄，可以發現，日軍進入大嵙崁溪走廊時，確實受到登陸以來最激烈的抵抗。當時，雖然近衛師團一部已經抵達新竹，然而臺北、桃園沿山地帶的民間游擊隊仍不斷騷擾。從當時總督府致電參謀總長的電話紀錄即可得知：「近衛師團雖已佔領新竹，但敵兵不斷來襲，出沒兵站線，破壞鐵路、電線，聯絡頗為困難……」[3]當時日本總督府清楚下令：「師團若欲南進，必先征討三角湧一帶，以免去後顧之憂。」[4]預計派兵沿著大嵙崁溪先征服三峽，然後一路推往大嵙崁（今日的大溪鎮）。

關於這場綿延於臺北到新竹郊山地帶的戰事，日本的戰史稱為「臺北一新竹間之掃蕩」。七月，山根信成少將率領第二旅團順著大嵙崁溪谷地南下，立即遭民間武裝勢力四處狙擊。

7月12日，日方負責水路運輸的「大嵙崁輸送隊」利用十八艘紅頭船載運軍糧，從臺北出發，逆著大嵙崁溪上溯，夜泊今日臺北

樹林「十三公」之墓

大學一帶的隆恩埔，隔日清晨即遭林久遠、王梯雲、陳小埤等人麾下的義軍四面伏擊，導致櫻井茂夫率領的三十五名運輸兵士裡，僅四人逃出，其餘被亂刀棍棒砍死於河灘地，史稱「隆恩埔之役」（臺北大學建校前，原址還存在一個紀念陣亡日軍的「表忠碑」）。

　　這次的民間狙擊帶給日軍巨大的心理震撼，日方的文獻無不詳細提及隆恩埔之役。例如，收錄於《攻臺見聞》的〈運送監護隊的奮戰〉浮世繪，即是刻畫該場戰役。畫面中，身著白衣的日軍，在隆恩埔的蘆葦叢上，激烈地進行肉搏戰。從隨軍記者的旁白文字，更可見到士兵奮戰的悲壯描述：

　　負責大隊軍械管理的大井軍曹，也在此次突圍中受傷，此時，他奪來一份敵旗，斜披身上，勉力與殘餘隊伍同行，走沒多久，「咚」的一聲，軍曹跌坐綠色草叢中，說道：「各位，我先走一步。」隨後高聲一呼「帝國萬歲」，便高舉刺刀插入自己喉嚨，光榮殉國！[5]……江橋軍曹由口袋拿出香菸交給部下，說道：「勢已至此，別無他策，沒有受傷的人務必排除萬難，將此情況報告上級，我們這些受傷者，與其苟活於敵人刀下，不如自殺來得乾淨。」此話一出，舉座黯然。於是兩名重傷者先以刺刀互刺，另兩名兵卒也舉刀自盡，江橋軍曹見此情形，也在莞爾一笑之後，舉刺刀自殺身亡，一如芝草點露，消逝無蹤，嗚呼！真是悲慘何極。[6]

　　有時看到日方文件的措辭，還是會為其耽美的文字而感到驚訝。這種美幾乎是一種閃躲。

　　我觀察過周遭權力慾望很重的人，他們的遣詞用字也通常都有閃躲的特質。為了閃躲自己的弱點，他們必須努力地堆砌語言，建

築起一個由權威感構成的文字障。或許可以說，圍繞著權力建構的過程，是由許多閃躲著自己的表達形式所構成，一種謊言與耽美。

上述〈運送監護隊的奮戰〉裡，對帝國士兵英勇殉國的描述，雖然明顯是由後人所寫，具有小說般的情節與虛構，同時也充滿了附魔般的耽美意涵，特別是寫到士兵的自殺是「一如芝草點露，消逝無蹤」。這種附魔狀態也出現在當時的《風俗畫報》裡，生動反映了軍國主義的美學。

日本浮世繪種類繁多，一般來說可以溯及幕府末期的《英名二十八眾句》，充斥著暴力、肢解、女體與嗜血者，反映了當時社會的混亂。而對戰爭英雄的描繪，則從幕府時期的「武士畫」即已存在。浮世繪發展到小林清親時，已經從過去描繪美人、宮女及一般社會現象，轉向軍國主義的狂熱。被稱為「最後的浮世繪師」的小林清親，也在這股浪潮中轉向軍國主義。浮世繪裡關於戰事的描繪，主要是透過士兵的英勇作戰來頌揚天皇，故有「天皇是所有事物的源頭」之說。[7]

回到那張〈運送監護隊的奮戰〉浮世繪，身穿白衣的櫻井茂夫部隊，雖然幾乎全遭殲滅，但畫面仍呈現了他們在激流中奮勇殺敵的狀態，情狀極為悲愴，驚天地而泣鬼神。其中看起來像椰子樹的背景，可能不是大嵙崁溪沿岸的樹種，而是畫師自己虛構的某種外來種。

同一系列另一張浮世繪，是有山定次郎的〈臺灣三角湧內藤大佐奮戰之圖〉，描繪的就是龜崙嶺戰役的指揮官內藤大佐，在後續的三角湧作戰時的英姿。畫面上，內藤身先士卒，腳踩一名紅衣義軍，左手抓住另一位義軍尖銳的戟旗，右手則掄刀作勢砍下，整張繪畫充滿了力與美的張力。

上：〈運送監護隊的奮戰〉（《攻台見聞》，1895，臺灣歷史博物館提供）
下：有山定次郎，〈臺灣三角湧內藤大佐奮戰之圖〉（1895，來源：維基百科）

十三公 1895

對比起來，中方繪製的《點石齋畫報》，則以完全相反的方式描述了臺灣民主國軍大破日軍的圖像，令人莞爾。

深重責任

〈運送監護隊的奮戰〉的繪畫與文字，將日本軍人犧牲奮戰的美學發揮得淋漓盡致，直到太平洋戰爭期間，能夠光榮「犧牲」，一直是他們的精神核心。

人類學家露絲·潘乃德在《菊花與劍》裡提及，日本軍人認為死亡才是最終的精神勝利；反過來說，敵人（美國）的B-29超級堡壘轟炸機上的逃生裝置，就顯得非常可恥，那是對於「視死如歸」精神的嚴重挑戰。日軍也不像美軍那般重視軍醫，反而認為軍人應該光榮地戰死沙場。一旦面臨戰敗撤退的情況，他們往往會將傷者注射過量的鎮靜劑或者乾脆將他們集體槍殺，甚至命令傷者互擲手榴彈。

潘乃德舉緬甸北部戰場的案例，來說明這種偏執的精神：在一個緬北戰役的統計中，日軍17,380人中僅有142人被俘，被俘虜者與戰死者的比例是1:120。倘若扣掉因受傷而昏迷的被俘者，實際上主動棄械投降的日軍可說是鳳毛麟爪。

因此，大批投降的美國軍人，往往被日軍視為廢物。特別是在菲律賓的巴丹半島戰役，就有75,000名美軍向日軍投降，在日本人的眼裡，這是不可思議的事情。許多被俘美軍回憶俘虜營生涯時都提到，任意微笑是一件非常嚴重的事，日本衛兵會對這些蒙羞的俘虜居然還笑得出來十分反感。

此外，潘乃德也引述了一個傳奇的廣播報導，說明日本人不可

思議的「精神」戰力：太平洋戰爭期間，某次空戰結束以後，一位參戰的上尉返回基地，用蒼白的臉孔與堅固的身軀，一一點名返航的隊友飛機，然後走向司令部為上級做了此次作戰的報告，結束以後就倒了下來。人們發現，上尉胸口中彈，身體非常冰冷，研判他早就死了，但是因為「深重責任」的驅使，使得上尉拖著自己的屍體做完了他該做的事。[8]

因此，對於日本軍隊裡的精神性構造，除了「犧牲」，似乎還要以「本位」的觀念來理解。對日本社會而言，「謹守本位」的倫理，是提供社會穩定與安全的基石，同時也是日本有必要統治其他沒有秩序、混亂的他國的理由。也因此，他們的帝國主義富含了這樣的「理想性」。特別是明治維新以後，神道教（shinto）被指定為國家宗教，確認了天皇「現人神」（arahitogami）的地位，在這個位階下，軍人必須為「消除天皇的一切焦慮」、「證明對皇恩的敬重」而死亡，甚至這也是軍人自己朝向更高位階存在的必經之路。因此，神風特攻隊飛向的不僅是敵人的軍艦，也是前往已經在「位階」的抽象概念下，預先安放在靖國神社裡自己所屬的牌位。

柄谷行人認為，國族主義是一種虛構的共同體，其觀點顯然來自班納迪克‧安德森的民族主義是一種的想像共同體之說。

日本當然是在本位、神道教以及其自身文化的特殊美學之下（例如死亡與櫻花之美的連結、切腹是武士與統治階級才能享有的死法……）[9]，發展出迥異於西方的國族共同體，但除此之外，必須特別注意日本社會所存在的部分北方民族特性，它是造成往外擴張的基本性格。北方民族遊牧、移動，重精算且擅謀略，有著以自身為最高位階而放眼世界的「宏觀」。一旦困在日本列島的北方民族，與國族主義的思想結合，最終便併發出亞洲近代史上最大規模的向

南侵略。

　　於是，當我們看到日本對戰爭所生產的文字及浮世繪，除了被其中的耽美所吸引，也必須從他們對自己「本位」的著迷來看待；這是非常理性、一線之隔的極度附魔狀態。透過耽美與附魔，我們能理解，帝國主義武裝侵略的表面下，真正運作的核心其實是一種「敘事的戰爭」，也就是怎麼樣敘事戰爭的問題。這就是為什麼南方、熱帶的人們會被迫進入一種特別骯髒的敘事結構裡；他們的黃皮膚，摻雜了油漬般的黑，像受到環境汙染一樣，生活在混亂、骯髒之下，被視為一群缺乏靈魂的人。

　　也因此，不同於隨軍記者筆下忠勇的帝國士兵，日方對臺灣義軍的描述多半充斥著「土匪」、「土勇」、「土賊」、「敵軍」、「敵兵」等字眼。這些文字描述除了帶有發動戰爭者的本位主義之外，也夾帶著人類學式的土俗偏見。

　　不過，在一片貶抑中，日方文獻也經常意外地透露出義軍游擊隊在缺乏正規組織的狀態下，以各種富含戰略、謀略的方式反擊日軍。例如，在日軍「臺北—新竹間之掃蕩」期間有這樣一段記述：

　　今日在臺北新竹間鐵路線南方的地帶，仍有頑固不降服的賊兵。此匪徒由附近村落招募民兵，沒有整然的隊伍，武器彈藥也不充分，且常隱匿在家屋內。一旦遇見優勢的我方軍隊來到，即簞食壺漿表示歡迎；如為小部隊時，則取巧引誘，苛擊殺戮。其戰術頗為卑劣殘忍。先前狂擊我方糧食縱隊以及傳令騎兵，最近又襲擊糧食船及其護衛兵。[10]

　　又如，7月13日〈運送監護隊的奮戰〉事件當天稍晚，另一支

近衛師團的坊城大隊抵達三角湧，夜宿祖師廟等地。當地居民表面上策略性地「迎接」日軍，實則暗地裡交付日軍情報給隱匿於郊區的義軍。次日，坊城大隊向大嵙崁推進，行經三峽鳶山一帶的土地公坑山區時，就進了蘇力等人所率領的義軍預先布置的口袋陣地。在四面埋伏之下，日軍傷亡慘重，陷入被包圍的絕境且糧餉中斷，必須「掘羅甘藷、雞、豚為食，僅可支持兩日」[11]。而義軍則士氣高昂，「義民遍野，數十里不絕」，甚至連村裡的婦女也持刀上陣。[12]該役歷經四日，日軍打掉六萬餘發子彈，死傷數百人，是日軍挺進臺北地區期間所遭逢的最大戰役，史稱「分水崙之役」。

正因為大嵙崁走廊的軍事挫敗，日方感到臺北到新竹間四處皆敵、草木皆兵。於是在7月19日頒發第一次「掃蕩令」，對沿線村落採取無差別式的屠殺，成千上萬民房遭到燒毀，居民流離失所。這段發生於我們曾祖父輩那一代的歷史，至今仍是臺灣民間社會未被說出的悲劇。

7月23日（也就是內藤支隊攻克龜崙嶺當天），日軍發動第二波慘烈的掃蕩，「焚三角湧」、「（火焰）二十餘里不絕」、「共夷燒房舍1,500餘戶」……[13]掃蕩行動下的死者人數，日方記載接近五千人，[14]臺灣研究者則認為死亡數字應在兩萬人以上。兩者的估算頗為懸殊，但從當時的人口分布來看，「死者五千」可能是低估了。

隆恩埔

發生在我成長的樹林、三峽一帶的日軍焚村與大屠殺事件，一方面因為「我方歷史」檔案的嚴重缺乏，另一方面似乎因為時間所造成的距離感，那個時候的人命賤如草芥，不太有人在意那段歷史。

這些未曾說出的傷痛，因此逐漸變成再也不可能說出的事了。但我相信，這些記憶仍然會以隔代遺傳的方式悄悄被保存下來。

記得年少時期在死黨陳姓友人家鬼混的日子，由於陳家就世居在昔日「隆恩埔之役」發生地附近，有一回曾聽聞陳的父親提及那段往事。印象中陳父揪著臉說道：當時很多日本兵死在河邊，有幾位生還者躲在草叢裡，跑回去報告這件事。後來，日本人將柑園平原一帶的茅草屋全部燒光，死了很多人。

我在隆恩埔一帶一直鬼混到大學畢業，每星期總有幾天晚上，到陳家旁邊的籃球場打球，一群人窩在陳的房間聊一些瑣碎而猥褻的青少年話題。那時候，柑園平原正逐漸工業化，而我根本渾然不知這裡的居民曾經突擊大嵙崁輸送隊，導致後來滅村的命運。看起來，我的死黨陳也算是日本掃蕩令下的倖存者餘族。

隆恩埔位於柑園平原最北端，接臨北二高三鶯交流道；附近三鶯橋下的「行水區」，住著三鶯與新蓋的巴伊拉勝（pailasen，來自花蓮縣富源村一帶）兩個原住民部落。其中，三鶯部落是1984年土城海山煤礦爆炸事件後，隨著礦場關閉，阿美族礦工以及家屬的移居地，是大臺北地區古老的原住民臨水部落之一。

2016年我拍攝了錄像長片《博愛》，其中一個重要場景就是荒廢後的海山煤礦本坑，對三鶯部落有一種很親近的感覺。然而，多年來許多媒體、碩博士研究者來去三鶯部落，如今部落的入口處掛了一個牌子寫著：「警告：非部落住戶，請勿進入」。

他們與河共生，卻也活在隨時遭政府驅離的不安中。同時，他們也被迫活在意識形態的騷擾裡；許多號稱左派的漢人運動者，在取得自身名利之後，很快就把他們出賣了。這一切究竟對部落的抗爭起了多大的作用？這也是我在新店採訪溪洲部落原住民時，他們

今天的大嵙崁走廊，隆恩埔河岸段

上：三鶯部落入口，下：三鶯橋下原住民聚落

所表達的疑慮。

三鶯部落位於大漢溪畔，官方認定的行水區，屢次遭到強行遷徙，但是原住民阿美族人也在多次的抗爭過程中愈戰愈勇，這個寓居河邊的部落因此深深扎根於溪畔。為了遷徙三鶯部落，政府在交流道旁的隆恩埔蓋了一座國宅樣式的「三峽隆恩埔段原住民短期安置所」，因生活習慣使然，許多人仍選擇住在三鶯橋下，有些甚至就住在橋墩下的簡陋木寮，過著粗獷但有更多自由的生活。因為部落入口的那張牌子，我雖路經多次，為了避免打擾，都未曾踏入。不過，在我心裡，那裡已經是屬於他們的土地了。至今部落裡應該還傳唱著祖先所流傳下來的歌。

柑園是一塊充滿流離的歷史與草莽再生力量的平原。這片曾讓櫻井茂夫大嵙崁輸送隊幾遭全殲的河灘地，也就是〈運送監護隊的奮戰〉所描繪的場景，百年前浮世繪裡悲愴的肉搏、充滿動態的顏色與線條……，已難與今日的原住民沿岸部落、鐵皮工廠林立的農田，及高速奔馳於平原上的工廠貨車等景象連在一起。一百年來臺灣歷史變動太快了，連地景也快速變動著，以至於我們的記憶充滿了許多極具遷移感的影像，我們的腦袋也一直在搬家。

回到自己的生活空間，做一些基本的探勘及調查，希望將不斷遷徙的影像暫時固定下來，好慢慢形成安身立命的家園感。無論十三公、龜崙嶺的戰鬥、隆恩埔的大嵙崁輸送隊乃至於樹林、三峽與鶯歌的縱火屠村事件，甚至是受到白色恐怖案件牽連而躲藏山區的王清，雖然已成為過去，卻還是可以感覺到，它們仍頑固地存在於樹林人的心底一角，以一種「潛能」（potential）的方式潛伏在這塊土地，在柏油路面的覆蓋下，等待有朝一日被重新述說。

註釋

1. 林洋港等監修，高育仁等主修，《重修臺灣省通志》卷九人物志，南投：臺灣省文獻委員會，2003，頁53。
2. 鄭至翔，〈乙未抗日樹林篇：海山史話〉，頁2。
3. 李文良，〈1895年臺灣政權轉換之際的大料崁社會〉，《歷史臺灣：國立臺灣歷史博物館館刊》第十期，臺北：國立臺灣歷史博物館，2015，頁20。
4. 木村達（編），《近衛師團軍醫部征臺衛生彙報》，頁205-206。
5. 許佩賢譯，《攻臺見聞—風俗畫報・臺灣征討圖》，遠流：臺北，1995，頁127。該書收錄、翻譯了日本東陽堂從1895年8月30日到1896年2月25日《風俗畫報》之第一編到第五編，許佩賢在翻譯時特別留意讓文字「平實化」，以期還原當時隨軍記者文字的面貌。
6. 同前註。
7. 露絲・潘乃德（Ruth Benedict），《菊花與劍：日本民族的文化模式》，黃道琳譯，臺北：桂冠圖書，1991，頁28。
8. 同前註，頁20-21。
9. 劉青雷，《切腹：日本商人之魂：探究日本成功的祕密》，臺北：遠流，2000，頁198。
10. 木村達（編），《近衛師團軍醫部征臺衛生彙報》，頁244。
11. 《三峽鎮誌》，頁1297。
12. 同前註，頁1297。
13. 《三峽鎮誌》，1993，頁1300。
14. 郭譽孚，《自慚的主體的臺灣史》，臺北：揚智文化，1998。

大雪

大雪山林道，八公里工寮，1997。

八公里 1997

攝影——我的相片——沒有修養：傷心時，它不知轉化悲慟為
服喪。如果有這一辯證思想，即克服墮落，化死亡的負面性為工作
的力量，那麼，攝影就是非辯證性的：因為攝影正如變質的戲劇，
死亡在其中無法「自我欣賞」，自我反照，自我內像化；或者說，
這是已經死去的死亡劇場，喪失了權利的悲劇，排除了一切陶冶性
情，滌化心靈的作用。[1]

——羅蘭・巴特

最後一座山，我生命中還有一座山，姑且稱為「父山」。那是
臺中縣東勢鎮大雪山林場下方，一處名為「大南坑」的山坳，那裡
有個叫做「八公里」的工寮。

「父山」之於我的記憶，來自十五歲到二十五歲間，與父親的
相處。那記憶也縈繞著東勢街道、客家庄、林場與大頭鰱、梨子、
桃子、椪柑，以及那片因為種錯品種而收成不佳、日漸荒廢的檳榔
園。

大南坑位於東勢近郊的淺山地帶，遍地果園，特別是水果產季
結束後，荒蕪的山野總像一幅筆法太乾的國畫，太多的破筆。然而，

春天時來到山坳，你會看到繁星點點，那是遍布山巒的套袋高接梨，將白天的山坳翻轉成婆娑的星空。

我已經不太記得最後一次與父親同上八公里的工寮，是在什麼時候了，但我始終記得一張工寮的影像，那是1997年在臺北暗房裡顯影出來的一張照片。

工寮

1997年，帶著一臺FM2相機及一本羅蘭·巴特的《明室》，被父親拉到八公里幫忙種梨子。我趁著中午農閒空檔，在工寮前拍了一張照片。

直到2015年整理自己的作品檔案時，這張當時以8x10（吋）史特林光面相紙（Sterling glossy Paper）沖洗出來的照片，忽然從檔案堆裡掉了出來。我將照片用磁鐵吸附在書桌前，緊鄰著一些罰單、水電單及開會通知單，好幾個月沒拿下來。那段期間，這張照片好像變成一幅風景畫般掛在我面前，看著我工作。

八公里工寮位於大雪山森林遊樂區的200林道（又名東坑路）旁，簡陋寮屋過去據說是林場的檢查哨，後來不知什麼原因，成為梨農的工寮。由於檢查哨屬於公家單位的建物，父親還因此被國有財產局控告非法佔用，至死背負一條竊佔的前科。

工寮外有一個公車站牌，名字正叫做「八公里」，往上還有一些站牌，叫做「九公里」、「十公里」……一直排到「十五公里」，而真正的大雪山森林遊樂區則在四十三公里之遙。船形山、稍來山帶來亞熱帶高山的寒氣，下切兩千公尺海拔，為大南坑、陸軍化學兵基地，以及燠熱的東勢客家小鎮帶來涼爽。

當然，那個今日也許塞滿大量陸客、吵雜的大雪山森林遊樂區，與我們這些為高接梨施肥的果農、果農的兒子，基本上是沒有關係的。而我因為是被迫上山來幫忙扛那一包包二十公斤的雞屎，為果樹施肥，因此對自己蝸居的八公里工寮雖無惡感，卻也不怎麼喜歡。

　　大南坑山坳位於雪山地壘與東勢街區的交界地帶。四百萬年前的造山運動將地壘冉冉升起，派分了大雪山、小雪山、鷹頭山等山嶺，也緩慢地將淺海環境的各種生物遺骸，抬上三千公尺的高度，成為今日大雪山富含貝類、棕櫚葉化石的白冷層。這片有著詩意名字的白冷層，如今多數已墾拓為果園、檳榔園，覆蓋了一層層發酵過的雞屎肥料。最近還出現了諸如星光三悅民宿、心田森活渡假農園、雅景山莊等民宿……以及愈來愈多的新興休閒露營區。不過，有些事物仍默默地封存下來。

　　記憶裡，200林道有一部車頭標示著「東勢—橫流溪」的公車來回行駛，從東勢的總站發車，像宮崎駿卡通裡那隻穿越山野的龍貓公車，經過大雪山林業公司舊址、石角聚落、檢查站，一路上山來到父親的工寮，隨後繼續蜿蜒於山路，直到十五公里的橫流溪聚落。沿途鮮少人上下車，卻也義無反顧地前進著。我喜歡這部公車，從沒有人發現過一部公車的溫柔，車上的司機似乎有一種低限而古典的美，就像移動的土地公，車頭的燈光彷彿山區搖曳的燭光，微微照亮這片貧乏的山區。

　　回到八公里的那張照片。按下快門的1997年那個夏日午后，像一個極深的夜，只有失眠的人才有幸目睹的黑邃、無染。拍下照片那時，山坳帶著一股無名的鬱燠，飄滿一種無以標示地方感的氣味，這裡哪裡也不是，但同時也哪裡都是。我好像能從照片裡聞到一股氣味，那是漫溢的檳榔花、地上腐爛的野生蓮霧以及肥料的酸臭，

東勢公車總站，牌子上右一往雪山坑、右二往橫流溪，2016。

當然還有果農兒子對父親輕微的怨懟之氣。

如同小說家駱以軍筆下那個從自己身上長出老人臉的圖尼克——「他們都困在爸爸裡面」。但我執意地以為我沒有困在爸爸裡，我的爸爸已經死了。首先，2004年3月1日長庚醫院開出的死亡證明書已經清楚指出，其次，我在2015年寫的《小說》也再次「處理」過他了。

這張薄薄的相紙反過來向我「逼視」了許多黑暗中不明的細節。例如，工寮的鐵皮前庭，那堆未被清楚顯影的東西是什麼？是後來變成爸爸的仇人、隔壁果園王仔的兜風50 CC機車？那排堆到屋頂的塑膠籃子裡裝著水梨嗎？籃子前面吊著的內衣，是否還遺留了果農在亞熱帶豔陽下汩出的汗汁？忽然間一股汗酸味突破影像的光膜滲入我的鼻孔。

屋外不遠處馬路的電線桿上，寫著「檳榔苗售」的牌子下方，那排電話號碼究竟是多少？如果我現在打過去，還會有人接嗎？工寮屋簷有水流下，是父親裝置用來降溫的自來水：每到夏天，工寮就像蒸籠一般燠熱，我們則恍若籠子裡的肉包，那時候父親都會打開屋頂的灑水器降溫……會不會因此，我的東勢記憶常常也有雨？

有時候，扛著肥料爬在陡峭的山路時，午後西北雨會突然降臨山坳，鼻孔瞬間吸入土壤散發的新味，有時候還被雨珠給嗆到。那些雨中工作的日子，就像黃錦樹在《由島至島》裡的一封信，述說困在雨裡的情境：

水：

家鄉一連下了四十天的雨，許多膠樹在大雨中倒下，出不了門，膠林到處都有水泉，汨汨的冒著水，路爛了，河也滿了。無膠可割，

父母也等於失業了四十天，終於在家裡發愁，割膠工人真可悲。我暫時還留在家裡照顧弟妹、做家務、養豬。雨停後也隨著家人去捉魚，只是園中所有的菜都給水泡得稀爛了……

算算你離家也滿半年了。信中說「春雨綿綿，寸步難行」，可見我們還是同處於一片雨雲之下。

祝好

雲3月3日

「若不是太多細節，就是細節不足」的影像箴言再度浮現我腦中。那張照片裡黑暗不明的記憶，可能還包括多年前某一個早晨，母親與當時仍是國中生的我，從豐原車站轉搭鐵路支線火車，來到東勢公車總站等車的那一天。早晨的街道籠罩在一片初春寒瑟中，市場攤販掛著一塊牌子，上面寫著「和細人仔講客家話」（和小孩說客語）。街道像山上的檳榔花一般緩緩綻放，我以為來到了此生從未去過的布拉格。

記憶繼續穿越工寮，種滿梨子、檳榔、橘子的果園，過度施肥而長出的排球般大的超級水梨，大汗淋漓的果農，以及無意間在東勢聽到的，人們如何翻越大雪山林場圍牆、到廢棄的儲木池偷釣巨型大頭鱸的佚事；住在十五公里、種出了籃球般大的水梨的「欽仔」，是如何在某個酒醉的夜晚騎著野狼機車衝入石角溪而身亡……這些，全部可能在這張史特林光面相紙的暗部裡面逃逸出來。

那些存在於相片暗處，以及游動於景框外的記憶，逐漸像一種奇怪的堅固物質，慢慢固積，並擠掉了自己腦中慣性智識思考的區塊，然後就此停駐，像中風後凝滯在血管裡的血塊。

無可決定性

後來我彷彿明白了，這張相紙裡存在的堅固物質，或許已經不是父親了；可能也不是攝影論述裡常出現的「重疊觀看」的問題——猶如巴特對一張臨刑前的死刑犯照片的著名評論「他將死亡、他已死亡」，是一種無可決定的關係。

怎麼說呢？我所面對的照片可能更為激烈：迴盪在昔日八公里路邊，按下快門的那個對父親存在輕微怨懟的「觀看主體」；與今日這位儘管已有能力讀懂巴特的《明室》，卻在觀看這張工寮照片時，被1997年夏天所散發出來的氣味所迷炫的「二次觀看主體」。兩者雖有視線上的重疊，但是在重疊背後——換言之，促使重疊成為可能的——不僅是前後時間意義上的關係，更是一種「無可決定性」（undecidability）的暴烈性，彼此牽動著。

我在說什麼？我是說，1997年拍下八公里這張無名照片的自己，與多年後在水電帳單、開會通知單旁邊看著同一張照片的我，後者的「看」，裡面有一種排除性：我排除了過去作為拍攝者的自己。但我們卻又分不開，在一種無可決定的歷史形式中，互為彼此又相互排斥。

每一個拍攝的當下，我當然決定了一些事，至少我決定了按下快門。但那是自由的「決定」嗎？真正的自由，或許僅存在於精神病者身上。假如，他們某天在捷運車廂裡大聲朗誦詩文，那並不是因為他們決定這樣做，而是他們自由地這麼做。但是，按下快門拍照的當下，事實上具有某種被迫性，換言之，即排除性。

這正是攝影的宿命，也可能是它的本質吧。按快門代表了我們決定讓某種景物進入相機裡，變成「我的」收藏。但是，為什麼我

們會選擇拍下這一張，而不是那一張，這個背後似乎有一種超越個人品味的事物在引領著。我回想當初八公里的那張照片拍攝的當下，有一種說不清楚的灰色團塊籠罩在相機頂頭，那是與父親之間細微的緊張感。那工寮恰似他身體的延伸，那是我最陌生的部分。

於是父親現在又回來了，至少作為某種「大寫父親」的歷史形式，讓我與自己的過去重疊。他說不定也會抱怨：幹伊娘你寫作就寫作幹嘛三不五時把我調度出來。不過，兒子對父親的唯一特權就只剩叛逃（至少沒聽過父親叛逃兒子的），至於叛逃的方式就是對父親細緻的回憶。

在工寮照片的誘引之下，我開始翻箱倒櫃挖掘過去在東勢所拍的照片，終於找到一張父親在梨子園蓋的新房子的照片。那是一棟外型仿傚歐式的度假小屋，用來取代八公里路邊的簡陋工寮。父親是水泥工出身，這棟房子大抵出自他的雙手。他還在裡面設計了樓中樓，我和哥哥都分配到一間房間，只是我們幾乎都沒有住過。度假小屋感覺像是他自己對西方的憧憬，但終歸是一件贋品。

父親一生從未去過西方。在他死前三年，適逢我第一次前往西方的德國漢堡市工作；起飛前一晚準備行囊時，他笑著對我說，希望我帶一些德國的禮物回來，因為他這輩子可能永遠去不了那裡了。笑容中似乎帶有一點遺憾。母親告訴我，在他死前一年，其實偷偷存了十幾萬元私房錢，甚至還準備了一個便宜的大型布製旅行箱，希望哪天能出國到西方旅遊。

父親並未完成夙願，而我卻常常因工作之故而有機會前往西方。每一次起飛前打理行囊時，我總會將父親的遺憾小心翼翼地擺在旅行箱的邊角，旁邊再用筆記本、隨身讀物和衣物收納袋等好好固定穩當，隨著客機嚎啕大哭般的渦輪引擎巨響，一起升空。

上：大南坑山坳，2016，下：八公里的仿歐式小屋，2001

八公里 1997

張杏端攝於大雪山觀景埡口附近，1997

死前的反視

　　另一張與八公里有關的照片，拍攝於大雪山森林遊樂區48K的埡口觀景台。那是1997年某一天，藝術學院的學姊杏端、G同學與我三人，開著父親赭紅色的Nissan轎車，從八公里上到大雪山森林遊樂區，徒步參觀雪山神木途中拍攝的。杏端斜揹著一部FM2相機，右手夾著一把摺疊的布格雨傘，左手似乎拿著木柱類的東西，審視著地上一根造型奇異的風倒枯木。空氣中依稀還嗅得出海拔兩千多公尺高山的凜冽。

　　杏端經常審視。事實上，那時候在藝術學院裡，我們經常在審視。那是從人文科學所淬鍊出來的一種視覺性：生命無時無刻都像在看某件作品。杏端是在那年夏天死的。下了大雪山以後隔一個月就死了。某一天夜晚她偷偷闖入關渡某個私人游泳池，因為不明原因而溺斃。

　　我和杏端的關係雖僅止於學姊弟的情誼，這件事仍然衝擊了我。她死後，我在關渡藝術學院的暗房裡，不斷沖洗這張照片。每次放大機設定的曝光度都只相差零點幾秒。我不是機械迷，對放大機透過物理光學作用產生的些微差距，並不感興趣，執意這麼做，像是想從一位已逝者的背影裡理解攝影的本質。

　　時隔二十年後，我決定以更緩慢的速度來看這張杏端的照片：拍照前一天，我們星夜搭莒光號南下豐原車站，預計轉支線鐵路到東勢車站，前往父親的山屋。火車像一隻奔向南方的鋼鐵巨獸，車廂裡震盪著鐵軌喀啦喀啦的摩擦聲，掀開黃色的窗簾向外望，緊緊跟隨的是高掛夜空的明月。

　　月亮總是形影不離。記得國小時某個中秋節，博愛市場幾個攤

販家族曾一起前往大嵙崁溪畔露營。那是隨身聽還在使用的年代，我坐在父親的汽車後座，口袋裡裝著一臺愛華牌的walk man，耳中繚繞著李恕權的吼唱：「不再追尋風的線條」，歌曲一結束就立刻倒帶重聽。

大嵙崁溪遼闊的河床好像一個巨人，以它布滿卵石的身體包覆著我們。傍晚時分我們在河床野餐，忽然間大人們指著遠方瑰麗的彩霞，繪聲繪影地說那是嫦娥，嫦娥正在奔月！多年後的某一天，我嘗試回訪那個有著奇妙記憶的野餐現場。確切地點已經找不到了，市場的人也散了，往哪問起？推測起來，只知大約在今日鶯歌與大溪交界處，住著港澳移民的中庄新村聚落一帶。

這一帶河床後來被黑道砂石業者壟斷，2016年更傳出被黑道盜挖二萬公噸的砂石、並回填進具有強鹼性的有毒爐渣。整個石門水庫水源區內的中庄調整池預定地，就此覆滿爐渣。我曾在那一帶和釣魚的人聊天，他們說，這個區域的河段釣起來的吳郭魚肉，不知道為什麼苦苦的。我們的記憶剩下暴力的遺跡，一如我們嘴巴裡所遺留的苦味。我就是不自覺喝了好些年這些爐渣水。因此，我們的記憶除了剩下暴力以外，還隱約蟄伏著復仇之心。

雷馬克說：「復仇是帶血的香腸。」十五歲時看過這位歷經過第一次世界大戰的德國作家的書，從此我心中就塞滿了砲擊與屍體。雷馬克描述過自己如何殺人的細節。一次在參與德軍的瘋狂進攻後，他在前線迷路了，只好隨便找一個砲坑躲起來，忽然間一位法國士兵不小心跳入他的砲坑：

我根本想都沒有想，也沒有下決心——我瘋狂地猛戳目標，只感到那身體猛地一陣痙攣，然後軟弱無力，倒下來。等我發現自己

時，一隻手已經是黏膩膩濕漬漬了……毫無疑問，他老婆依然想著他，不知道現在出了什麼事情。看上去就像他常常寫家信似的：「她還會收到他的信」、「明天吧」、「一個星期的時間」、「一封信或許耽誤上一個月」。她會看到信，他會在信裡和她說話……[2]

後來，雷馬克搜出那位法國士兵的皮包，發現他是一個印刷工人，於是雷馬克喃喃自語說道：「我殺了一位印刷工人杜吉瑞。」他說：「自己未來一定也要做一個印刷工人。」他說：「做一個印刷工人，印刷工人，印刷工人……」就這樣，穿越二十世紀初的歐洲西線，沿著凡爾登、索姆、香巴尼、阿杜瓦，一直到北方的比利時海岸，無數的印刷工人死於這條戰線，殺人無數的雷馬克，在戰後憂鬱地度過餘生。

就在1929年雷馬克反戰的《西線無戰事》出版後一年，卡爾．雅斯培也完成了《時代的精神狀況》。那個時候，法西斯主義正在德國崛起，國家社會黨贏得1930年的選舉；雅斯培以帶有精神分析哲學的角度，探討了屬於他也屬於雷馬克餘生的時代的精神狀況。

他說，當人們像垃圾堆一樣擠在一起的時候，真正的確實性只能存在於「朋友」裡。他又說，在人與世界的疏離之間產生了一種自由，一種「沉入歷史」的精神性。最後他說，與世界的疏離造成一種精神的個性，而「沉入」則是在個體的自我之中，喚醒一切屬於人的東西。前者要求的是自我修煉，後者是愛。[3]

雅斯培的筆調，透露出一種極為孤單的氣質，還有愛——好像雷馬克與那些在戰場上躲過重砲轟擊的人們，他們的餘生充滿了孤單與悠遠的愛。而從八公里那張單薄的照片，或者杏端在大雪山森林遊樂區的遺照，我發現，自己生命所能憑藉的，有一部分居然是

類似於相片這種連繫著死亡的物質。

對垃圾一樣的生命而言，照片的復仇是帶血的香腸，這難以下嚥的東西，帶我穿越1997年的大南坑山野、黑暗的工寮，來到與杏端、G同學一起搭乘的莒光號，來到童年時天空飄著嫦娥形狀雲朵的大峜崁溪畔，那個月亮總是緊緊相隨。

下了莒光號，一行人輾轉抵達東勢車站。已經深夜了，我們穿過造型奇異的車站月臺支柱，來到路燈昏沉的弧形站前廣場。就在廣場邊緣，路燈照射範圍之外的暗隱處，父親已經站在他那部赭紅色日產Nissan轎車旁等著我們。那一瞬間，我以為自己是父親的朋友而不是兒子。不知道為什麼，這個沒有劇情卻有著電影質感的畫面，一直鑲嵌在腦中。

東勢車站是修澤蘭在1959年設計的，她善於使用曲線與拋物線，月臺水泥柱圓弧狀柱頂的倒梁（反梁）設計，更是全臺罕見；除了與現代主義時期法蘭克·萊特的詹森總部倒梁設計相呼應之外，也展露了屬於女性的細膩。這些溫柔的線條，實在與水泥工、梨農父親的陽剛氣味非常衝突。

我對那一晚的場景實在太好奇了。為了重建記憶，後來在「東勢老影像」的臉書團裡，發現東勢耆老張慶煌先生貼出的幾張東勢車站照片。

其中一張，拍攝於夜間的車站正面，站前的拋物線倒V形門柱兩側擺了花圈，應該是拍攝於慶祝車站落成之時，黑暗中仍然可以看出站體精彩的現代主義線條。張慶煌的另一張照片，拍攝於站內的島式月臺，可以清楚看到月臺上具超現實感的倒梁柱。柱子前站著幾位高中生模樣的男孩，遠方有一對迎面而來的母女。

無論如何，東勢車站還是消失了，連同那晚父親在站前廣場等

上：東勢車站，下：東勢車站的島式月臺（張慶煌提供）

八公里 1997

張杏端，攝於臺北藝術大學307教室，1997。

候我們的身影，像高海拔空氣清朗的夜空，消失得一乾二淨。我總感覺：父親與東勢的一切，都格格不入。好像這造型奇異的東勢車站、老街、大雪山林場，以及嘩啦啦啦充滿客語的東勢街道……，這一切，都與父親粗糙的形象不合，宛若他是生活在一個不屬於他的電影場景裡。

我的影像追索之旅，最後停在杏端的一張詭異照片上。那是在臺北藝術大學307教室上抽象繪畫課時所拍的。照片從右起分別是曲德義老師、杏端，及一位忘了名字的學長。那天，曲德義對著學長擺在地上的抽象畫說：「這是什麼大便？」而杏端的畫，則如照片牆上所示，亞麻底布上繪著簡易的白色粗線條，帶有低限主義的意味。

拍照的時候，她轉過頭來，眼神就像她的畫作裡，明確而不拖泥帶水的白色線條。她瞳孔裡似乎有一種幾經修煉與辯證、掙扎過後的澄明，告訴手持照相機的我說：「我知道我會死。」

那是1997年某一堂抽象繪畫的期末課程。過了那個夏天，杏端就死了。

註釋

1. 羅蘭‧巴特（Roland Barthes），《明室：攝影札記》（*La chambre claire*），許綺玲譯，臺北：臺灣攝影，1997，頁108

2. 埃里希‧雷馬克（Erich Remarque），《西線無戰事》（*Im Westennichts Neues*），臺北：桂冠，1994，頁125。

3. 卡爾‧雅斯培（Karl Jaspers），《時代的精神狀況》（*Man in the Modern Age*），王德峰譯，上海：譯文，2013，頁149。

抽象的林場 2016

　　書本、圖書館，羊皮紙抄寫的隱匿經文，要傳遞到哪？像航海家一號孤獨地飛過冥王星、離開太陽系，即使自身的材料壞毀塌陷，也僅那距離億萬分之一的無垠漂流。要傳遞給誰，有一個對象在哪等著接受這所傳遞的嗎？還是在絕望地幻想飛越過那無數瞬間暴漲宇宙，無數將所有光與質量與時間具吞噬的黑洞。那些宇宙的凹折或曲角、蟲洞，這些恐怖、無明，甚至時間倒流，所有一切塌縮於一無時間可描述的奇異點，經過夸克。但是，我在說什麼？

　　　　　　　　　　　　　　　　　　　——駱以軍，《女兒》

幻肢

　　放下那張八公里的照片後，我覺得有必要回東勢看看，第一站就選擇了大雪山森林遊樂區。

　　往遊樂區的路上，我知道自己依然處在幻覺的困擾中。在200林道漫長的43公里山路上，也在父親昔日務農的途徑上，我成為幻覺的隨從，如此被包攝於他模糊的身影裡，並且為了生不出另外一個可資對抗的父親而懊惱著。

200林道邊長著大量的原生臺灣山芋，葉片呈粉綠色，與劇毒的姑婆芋很容易區別。山芋富含澱粉，是野外求生的重要糧食，煮起來吃，刺刺辣辣的，似乎即使端上餐桌，仍不脫它的野性。然而現代人已經不怎麼需要野外求生了，山芋逐漸變成乏人聞問的野生植物。倒是鳥，成為新時代的寵兒。

　　沿著200林道，總會遇見一撮又一撮的賞鳥客，每個人身上都背著一具外掛「大砲」鏡頭的照相機，想以超越人類視野的光學裝置來「抓住」小鳥。這些鏡頭有著老鷹眼睛般的特殊構造，可減少光線進入眼球所產生的繞射（diffraction），讓獵物的影像更為清晰。而賞鳥客，可能來自遙遠山腳下每天飄著汙濁空氣的潭子工業區，或者住臺中市區、長期被比PM2.5濃度更高的臺中火力發電廠所汙染的中產階級。

　　他們離開了霧霾的盆地，千里迢迢上山觀賞森林裡的臺灣紫嘯鶇、舞姿曼妙的虎鶇、喉嚨發出唧唧唧美麗聲響的栗背林鴝，或有著「雞狗乖」叫聲的臺灣山鷓鴣（深山竹雞）。有的賞鳥客，還會在鳥季時開著廂型車上山，車上裝備了床墊、枕頭，及各式各樣的簡易生活配備，以車為家，一連幾天住在200林道路邊，過著「逐鳥況而居」的遊牧生活。有時候他們會在路邊排成一排，參差不齊的大砲共同瞄準遠方，像一支臨時組成的地方雜牌部隊，正準備對森林裡的敵人開火。每次看著這些逐鳥而居的人，心裡不禁想著，這是否也屬於另外一種幻覺？這是觀賞世界萬物的熱情，也是一種現代的品質。

　　賞鳥，也許是「幻肢感」（phantom limb）的極致呈現：攝影者追逐著飛來飛去的鳥兒，好像試圖將自己身上失去的某個部位接上一般。

抽象的林場 2016

當他們架好大砲對著終於喘一口氣、站在樹梢休息的鳥兒時，他們腦中大概也會同時連結上《臺灣鳥類圖鑑》的資料庫，在最短的時間辨認出鳥種。也或許當他們遭遇現實世界的傷心難過時，鳥兒馬上會填補他們心靈裡喪失的那個部分。

那就是「幻肢感」沒錯，一種神經錯位的現象。

我並不迴避談自己幻覺的病症，畢竟誰沒有病呢？況且架構起整體現代藝術的可能性，也正是杜斯妥也夫斯基在《地下室手記》開頭所描述的：「我是有病的。」以現代生活孤寂的心靈為假設性的起源，依此作為藝術創造的動力。但我又是如此懷疑著現代藝術──存有、荒誕、幻覺般的矛盾，真的是我們的生命嗎？或者只是現代性夾帶給我們的一種「詞語」？我們就那麼甘心困在藝術家帶給我們的孤寂困境裡？或許我們只是愛上了一種斷肢般的困境。我們需要它來刺激自己。

維萊亞努爾‧拉馬錢德蘭曾設計了一組「鏡箱」（mirror box），幫助因意外或戰爭而失去肢體的幻肢症者減輕痛苦：透過鏡子反射的簡單原理，在視覺上，利用身上仍存在的肢體去補足已經截肢掉的另外一半，暫時欺騙大腦來減輕幻肢感帶來的實際神經痛苦。

拉馬還曾經對一位失去手臂的人做了一個有意思的實驗。他用棉棒刺激對方的臉頰，對方說：你在刺激我的臉頰，但很奇怪，你也在刺激我的大拇指──失去的那隻大姆指。接著拉馬碰觸那位失去手臂者的下顎，對方說，你正在碰觸我不見了的小指。

拉馬的解釋是，手掌的神經與臉部的神經，在大腦皮質區的投射範圍剛好重疊。因此，鏡箱是透過了視覺的幻覺，緩衝了腦部反射區裡，因為缺少了實際的肢體而打結的神經瘤（neuroma）的痛楚。

樹影

在我看來，200 林道的盡頭，也有一片幻肢般的森林。那原本是一座原始檜木林，砍伐殆盡之後，像為病患裝上義肢一樣，如今種植了成片的人造林。

臺灣護樹盟理事長吳仁邦曾經誤闖過阿里山的人造林，回憶起那片森林時他說，自己像被關在一個牆壁很厚的房間，所有的聲音都無法穿透，即使想喊救命也不會有人聽見。

分布於大雪山森林的縱橫林道，是韓戰後美援資助下所開鑿的。鑽入了臺灣山區的心臟地帶，徹底砍伐掉該區域的原始檜木林。大雪山林業股份有限公司（以下簡稱大雪山林場）可說是國際冷戰下的產物。二戰後，以軍援、工業技術合作以及將剩餘農產品銷售到盟邦為目標的《馬歇爾計畫》與《共同安全法》確立後，美國於1954年促生了《480號公法》（或稱《農產品貿易發展暨補助法案》），大雪山林場就是在這個美援法案下成立的。[1]

《480號公法》的主要目的，在於解決美國國內農產品生產過剩的問題，將其傾銷到盟邦；所得部分利潤則反過來投注於盟邦的建設。1963到1967年，臺灣「農復會」運用《480號公法》的金援，在臺灣山林裡共開鑿了長達七百公里的林道，意圖將森林資源轉化為經濟外匯，建設臺灣成為東亞反共堡壘。當時，臺灣省政府林產局本來希望直接經營大雪山林場，將計畫書遞交美國安全總署駐華分署審核，卻被打了回票。美方基於對國民黨政府一貫的不信任，希望以「民營化」的方式，委託民間經營林場，以免浪費美援的資源。[2]

金錢與資本的牽制下，臺灣省政府只好成立有史以來第一個「公

營」的林業公司：大雪山林場，並召集近二千位榮民組成開發隊，在大甲溪以北盛行雲霧帶山區，開闢了總長214公里的林道，更首創臺灣伐木史上「卡車直達伐木區」的方式，以機械化的模式全面經營大雪山。

美式林場的經營極講求效率，當時一位美國林業專家曾經說過：大雪山林場的每一棵樹、每一部分都能夠加以利用，甚至包括樹的影子。在這片以冷杉、鐵杉與檜木扁柏為主的伐木區裡，砍下的樹木主幹將用作建築材料、家具、鐵道枕木、電線桿等，樹梢與枝幹則將用來製作紙張、人造纖維，其他殘餘物經過「硝化」以後，可用來提煉炸藥。

原木運送下山後，送至東勢的貯木池泡水儲存，接著由大雪山林業公司製材工廠進行後續製材工作。每採伐一棵樹，除中段幹材可供鋸製建築及家具用材外，其餘直大無結的部分可製作夾板，梢枝邊皮裁切後可供作造紙之原料，樹皮則可供製藥或燃料，鋸屑可作為飼料及酒精的原料，另將木材乾餾可得醋酸、甲醇等化學用品。[3]

配合1968年九年國民教育的延長政策，大雪山林場曾經生產了五十萬套以上的學校課桌椅，[4]就是我們小時候教室裡使用的課桌椅，通常我們會在木頭桌板上用美工刀在中間刻一條線，有的小朋友還會在旁邊用立可白附註「楚河漢界」。

美式的伐木模式雖比日殖時期的山林經營效率要高得多，勞動者與山林之間的關係，卻變得稀薄。林清池先生在描寫過去太平山林場的工作時，提到一個迷人的職業：「每木調查」。他們的工作是以人力攀爬的方式，對伐木預定區裡的每一棵樹木，逐一進行胸徑與高度的測量。

大雪山（山本三生，《日本地理大系：臺灣篇》，1930，中村靖夫提供，宜蘭縣史館典藏）

抽象的林場 2016

上：大雪山森林遊樂區木馬道遺跡，下：大雪山運材的美援卡車，拍攝自大雪山遊客服務中心展覽廳。

每木調查的數據直接影響到林班的生產計畫，因此特別受到重視。由於每木調查者前去的多是自古以來的人跡罕至之地，除需攜帶必要的測量儀器、睡袋、野帳以及廚具、便當與急救藥品之外，更要有強健體魄與過人的勇氣。[5]在那個登山用GPS尚未發明的年代，冒著生命危險深入窮山惡水的任務，是每木調查者與原始巨樹之間一種以性命相搏的關係。

　　在大雪山林場的美式作業邏輯裡，卻沒有每木調查這個角色，而是透過與臺灣省農林航空測量隊合作，以多角度的航空照片來檢視、判斷森林的樹種與量體，再來決定伐木區的劃定。[6]

　　整個大雪山的預定伐木區接近六萬公頃，其中91%為立木之地。[7]林場透過自動化的鏈鋸伐木，以臺灣土地上前所未見的美式新型十八輪卡車，一輛輛地載運下山。山下，東勢小鎮設立了巨大的鋸木工廠，想要複製美國奧勒岡的費德勒爾韋（Weayerhauser）林業公司的製材廠規格，引進美式大型製材機器進行一貫化的生產。新式的伐木方法，讓面積廣袤的大雪山森林在短短十五年內，就被砍伐殆盡，留下今日遍布山頭的巨木殘根，以及尚屬年輕的、義肢般的、兼具土地保持及遊憩功能的再生林。

　　很難想像，十五年的機械化伐木，人們總共從這塊山野「割取」出2,200多萬立方公尺的檜木，[8]全部堆起來的體積，相當於九座台北101那樣大。林場一方面養活了許多伐木工人的家庭，另一方面卻又受到連年貪汙與龐大人事所拖累，加上美式規格的機械製木場是為了粗大寬鬆的溫帶森林而設計，並不適合密緻彎曲的亞熱帶臺灣木材，造成了珍貴檜木材的浪費。種種因素導致林場提早夭折。

　　伐木停止後，林場開始進行人造林計畫，試圖彌補砍伐所帶來的水土流失。然而，在林務局「伐木派」的思維主導下，一連串竭

澤而漁的政策，徹底改變了臺灣山林的面貌。包括：「全省之天然林，除留供研究、觀察或風景之用者，檜木以八十年為清理期限，其餘以四十年為清理期，分期改造為優良之森林。」（1959年）「林相變更」、「林相改良」（1965年）等。

　　大雪山伐木政策以及林務局的林相改造，對臺灣山地的水土保持，究竟造成了什麼影響？從八七水災、八十水災及葛樂禮颱風帶來的巨量洪水與土石沖刷，造成中南部嚴重災情，讓人一再對這些政策產生質疑。[9]

抽象之線

　　順著200林道，一路經過賞鳥人與綿延不盡的、彷彿從戰爭廢墟裡冒出來的人造林，我來到海拔2,260公尺的大雪山森林遊客中心。遊客中心布置得美侖美奐，展示大廳裡有臺灣黑熊的贋品標本、巨嘴鴨、灰林鴞，也有長鬃山羊和山羌的頭骨。由於林區多半位於櫟林帶，遊客中心裡也有森氏櫟、三斗石櫟與川上氏石櫟的果實標本。而最引起我注意的是一張〈大雪山林道分布示意圖〉，上面一道道代表林道的線條，像亂箭一樣射入森林的心臟地帶。

　　我在這張圖前面站了很久，腦中出現一種奇怪的既視感，思索著自己在哪裡看過這樣的圖？

　　大雪山林道的規劃，當然源自於實際的考量，例如：在主線上，每隔十五公里左右開出一條支線或聯絡線，一方面降低運材成本，一方面是萬一遇到森林火災時，易於入山撲救。[10] 但是，我卻被那張示意圖所散發出來的抽象線條所迷惑。後來，我想起在「國家發展委員會檔案管理局」曾看過的〈金門古寧頭戰役圖〉，以及其他許

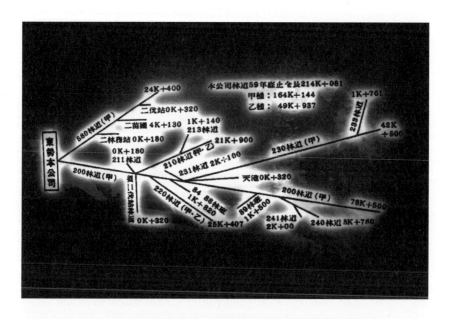

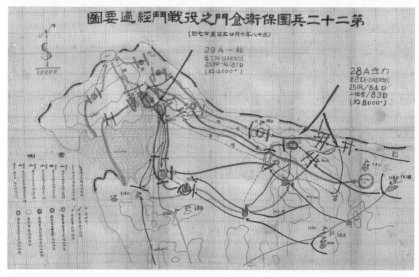

上：大雪山林道分布示意圖（東勢林區管理處）
下：金門古寧頭戰役〈第二十二兵團保衛金門之役戰鬥經過要圖〉（國家發展委員會檔案管理局提供）

抽象的林場 2016

多的戰略部署圖，兩者之間似乎有一種模糊的相似性，姑且將它們稱為「戰爭之線」。

充分理解大雪山林場的身世後，我更確定，臺灣的山林開發，受到二戰以及冷戰的影響非常大，這是不間斷戰爭下的產物。這些圖、這些線，就是戰爭對世界生靈的抽象化作用，也是割除生命的過程。那些被排斥在外的生命，則像幽靈般游離在圖的外邊，他們潛在的影像不斷擴張—收縮著，埋伏於實體的文獻檔案之下，揮之不去。

每次看這些圖，腦海中都會浮現許多無依無靠的影像，像幽靈或戰爭的逃難者。例如〈金門古寧頭戰役圖〉，當時在國共內戰中屢戰屢敗的湯恩伯，事實上人是在「圖外」地，從洋面上的軍艦遙遙「指揮」金門島戰役。圖外同時還有：解放軍244團在金門島壟口登陸時，遭到從徐蚌會戰雙堆集包圍圈裡逃出生天、輾轉撤到上海虬江碼頭、撿拾美軍（在太平洋戰爭後）丟棄在關島、沖繩、菲律賓等地沒有砲管、油路被灌滿柏油而形同「中風」的輕戰車，重新部署在金門的國民黨裝甲部隊所重創，血染紅了金門海域。

這些事情不會出現在抽象的軍事部署圖裡，以至於我們的歷史，大致上就是一幅由各種線條組成的抽象畫。而那些游離於圖面外邊的事件，反過來說，是一種對線的掙脫、對線的厭惡。

吉爾·德勒茲在《千高臺》裡說道：「孩子已經不懂得畫畫了。」意思不僅是說孩子的生命被許多直線所規範，因此忘記了塗鴉般的原始線條；更像是說，自從帝國誕生以後，所有的孩子都將消失，所有混亂、斷裂的原始線條都將被抹平。他說，當書寫承擔起「帝國的責任」時，原始藝術的線條就式微於某種具體性裡面，被吸納在埃及帝國的直線或亞述帝國的有機線裡。

不久之後，因為查找林場的相關資料，無意間又發現一份大雪山林場奉准成立的公文。這份公文也困擾我許久，好像也曾在哪裡看過這樣的文字結構，有著一種類似分布圖、部署圖的抽象感。

　　公文其實是一篇規規矩矩的廢話，卻有著猶如〈大雪山林道分布示意圖〉一樣的結構：句子與句子之間彼此互相牽連，卻到處分支，彷彿每隔十五公里開出一條支線或者聯絡線的林道，每個子句包覆著前面的子句，最後看起來所有的文字都因為纏繞而迷了路：

　　籌委會於49年9月25日將公司章程及組織規劃等草案，呈經省府委員會47年5月13日第543次會議修正通過，並送請省議會於47年6月30日第三屆第三次大會第四次會議審議通過後，省府另飭籌委會自47年11月17日先行實施，並報奉行政院47經字第6058號令核定，依照公司法規定，公司組織須於申請設立登記並辦妥各項登記手續後，始能正式對外營業，遵經一次辦理各項手續，呈奉經濟部47年12月27日經字第20114號通知核准，並頒發設字第5199號執照，經憑此執照，請准臺中縣稅捐稽徵處於48年2月5日頒發豐字第037號甲種營業登記證，復憑此證，向臺中縣稅捐稽徵處申請廠商登記，核准處48年2月24日貨登字第035號通知書准予登記。嗣本公司擬具木材銷售辦法，經報董事會數度討論結果：一面呈請省府核示，一面先以標售為原則，省府飭於48年5月份起實施，本公司乃於48年5月8日正式成立，開始營業。（《大雪山林業史話》）

　　那天晚上，我住在海拔2,260公尺高的大雪山莊，周遭圍繞著胸徑約一人環粗的紅檜扁柏、卡氏櫧、華山松、鬼櫟，還有以森丑之助命名的森氏櫟。豐富的殼斗科植物林為動物提供了重要的棲息地。

抽象的林場 2016

除了帝雉、藍腹鷴、白面鼯鼠、長鬃山羊等動物以外，黃美秀的研究團隊近年在大雪山林道記錄到多筆臺灣黑熊的身影，生命的力量源源不絕。

　　每天晚上，山羌都會跨越直挺挺的林道到另一邊覓食，白面鼯鼠悠遊滑翔於人造森林裡，獼猴攀過步道旁的東勢林區中文告示牌，而大自然，正以大量的山崩及落石，讓樹枝狀分布的林道慢慢地枝斷幹殘……。

註釋

1. 關於林場的設立參見鐘丁茂等人的報告：「1959年成立之『大雪山林業公司』，乃依據『480號公法』農業貿易援助法案中之『計劃型援助』（Project Type Assistance）類型，對於特定之計劃為對象而給予援助。」鐘丁茂等，〈230林道沿線人文歷史口訪：調查研究計劃〉，苗栗：雪霸國家公園管理處，2008，頁88。

2. 同前註，頁23。

3. 摘自林務局網站，「大雪山林場的古往今來」。

4. 鐘丁茂等人，〈230林道沿線人文歷史口訪：調查研究計劃〉，苗栗：雪霸國家公園管理處，2008，頁46-47。

5. 林清池，《太平山開發史》，宜蘭：浮崙小築，1996，頁40。

6. 鐘丁茂等人，〈230林道沿線人文歷史口訪：調查研究計劃〉，苗栗：雪霸國家公園管理處，2008，頁18。

7. 同前註，頁19。

8. 姚賀年，1992

9. 摘自：李根政，「臺灣山林的悲歌」網站。

10. 鐘丁茂等人，〈230林道沿線人文歷史口訪：調查研究計劃〉，苗栗：雪霸國家公園管理處，2008，頁25。

230林道 2017

林乃樹林的古名。林中有路。這些路多半突然斷絕在杳無人跡
之處。這些路叫做林中路。每人各奔前程，但卻在同一林中。常常
看來彷彿彼此相類。然而只是看來彷彿如此而已。林業工和擴林人
識得這些路。他們懂得什麼叫做走在林中路上。

——海德格，《林中路》序言

大雪山森林遊樂區的200林道四十九公里處，也就是海拔2,600
公尺的小雪山資訊站旁，有二座小小的土地公廟和地藏王菩薩廟，
比鄰而坐，是早期用來庇護在此工作的伐木工，同時為超渡意外死
亡的人所建的。小廟的後方有一個鐵柵欄，就是扮演後期大雪山伐
木史重要角色的230林道入口。

200林道沿線的森林，在大雪山伐木的前期遭砍伐殆盡後，1961
年接續開闢的230林道，遂成為往後伐木重點區域。林道全長五十
六公里，大致順著大雪山、奇峻山、鷹頭山等百岳的北坡，蛇一樣
地蜿蜒鑽入臺灣高山的心臟地帶。這條林道，甚至一度被規劃要翻
越整個中央山脈，向北接通至宜蘭的太平山林場。

921地震之後，230林道封山十年，直到最近才重新開放。由於

上：230林道入口，下：230林道入口處的土地公廟與地藏王菩薩廟

上：木馬道上的伐木遺根，下：大雪山木馬道上的山羌排遺

這條林道代表了大雪山的重要歷史，我決定前往林道一探。要前往這個神祕地帶，必須同時辦理甲種入山證及雪霸國家公園入園證才能「一親芳澤」。擇定日期後，當天下午從臺北出發，順著國道三號在清水一帶銜接東西向的國道四號，一路直抵豐原。下了高速公路以後，就好像有一個開關突然被打開，我總會直覺地按下車窗的電動按鈕，讓外面的風灌進來。這已經成為一種儀式。過去在八公里幫忙果園的雜務時，常常有機會到山下的東勢採買，坐在冷氣總是故障的赭紅色Nissan轎車裡，我們只得把車窗搖下來，大口呼吸彷彿是東勢才有的特殊氣味。

那是一種複雜的、悶悶暖暖的，混雜了農藥、雞屎肥料與高接梨花香，再加上路上歐巴桑摩托車噗出的廢氣⋯⋯，一種屬於山城的「農業」氣味。

到了東勢以後天色已晚，這一次沒有什麼心情留戀了，匆匆在街上吃了一碗「老趙排骨牛肉麵」，便加油門衝上大雪山。車子再次蜿蜒在昔日父親務農的必經之路，那條包攝於大雪山龐大山影下的200林道。晚上八點左右，抵達林道三十二公里處的屋我尾山登山口路邊的停車場，準備在車上度過夜晚。

這裡的海拔高度1,960公尺，周遭圍繞著高山櫟林帶的巨木。極目望去，黑暗的森林泛著深藍色的光，冰河時期子遺的臺灣山毛櫸巨大的身影，依然散發著古老而洪荒的氣息。

那天夜晚，我將剛向銀行貸款買來的CRV休旅車後座整個打平，像蜷曲的穿山甲一樣鑽入睡袋，在大雪山的夜裡輾轉難眠。隔天早上，在幾乎沒睡後起床，繼續車行到四十三公里的遊客中心收費站，帶著泰雅口音的收費員一臉狐疑地看著我說：「你是怎麼上來的？」

原來，就在前一晚我停車的地點下方三公里處，發生了土石塌落，因此早晨要上山的車輛都被堵住了。由於我停留過夜的位置剛好在坍方點的後面，因此才能進入森林遊樂區。我反問收費員：「又沒有下雨，怎麼會坍方？」他臉上出現一抹神祕的泰雅笑容說道：「山啊——」

親屬空間

臺灣山地屬於地質學上的幼年期，人們必須學會與崩塌相處。就在我心懷慶幸地溜入遊樂區以後，才知道目的地230林道入口前的馬路也癱瘓了，必須下車，從遊客中心旁邊的木馬道步行向上，一路爬升四百公尺，接上稍來小雪山步道後，再走一個小時才能抵達林道的入口。比預定行程整整多了六公里的路程，人真的不能太得意忘形。

走在高海拔的大雪山林場，周遭的伐木後的老樹殘根在四十多年後，已經長出了「二代木」。高山空氣雖然清朗，遠方的山巒卻已蒙上了一層淺灰，大概是凝滯在臺灣中部天空的嚴重霧霾所致。

想起不久前為紀錄片影展寫的一篇影評[1]，提到《科技的代價》（*Death by Design*）這部片：導演蘇·威廉斯前往中國廣東的貴嶼縣拍攝，那裡是全世界最大的廢電腦記憶體、主機板的回收場，甚至可找到日本街道上才有的NTT綠色公共電話。因為「計畫性汰舊」（planned obsolescence），各種電子產品在設計之初便已刻意將產品壽命縮短，以至於許多看起來仍堪使用的器物提早結束壽命。

與其認為貴嶼是一個回收工場，不如說是由一間間錯落於貧窮村落的鐵皮屋組成的「烤肉城」。女工們升起一樽樽的炭火像臺灣

大雪山伐木殘根上長出的二代木

的中秋節一樣，烤著來自世界各地的主機板，好將裡面的貴金屬融化出來。

　　這真是一個驚心動魄的畫面，乍看下猶如李梅樹畫作裡整排在三峽河邊浣衣的農村婦女般的詩意，只是女工們正在做的是一項致命的工作。紀錄片裡有許多女工的小孩子跑來跑去，在一旁把玩著電腦排線、散熱風扇及電路板，那是他們的兒時玩具。理論上，貴嶼縣焚燒主機板的濃煙是會飄到大雪山林場的，使得這片盛行雲霧帶的霧，增添了些許悲傷的氣味。

　　據說，這條深不見底的林道，通往雪山的西稜，然後接上稜線的登山步道，一路上到海拔3,386的雪山（日殖時期稱為「次高山」）。隨後，繼續下切至宜蘭方面的369山莊、七卡山莊，一路抵達武陵農場。這條橫貫中央山脈的路線，徒步需要耗時五天以上，遠遠超過我這個單攀者的體能與心智強度。

　　之前在眠腦山區海拔1,509公尺的神代池探勘時，曾發現一束林口登山會的黃色布條，上面寫著「114天自我補給完成百岳」，說明了確實有人已經透過自我補給的方式，完成臺灣高山地帶的長程縱走。不過，這種「克服」山野的冒險與挑戰並不是我的興趣，而且我知道如果硬闖，總長五十公里柔腸寸斷、分崩離析的230林道將會取走我的性命。況且，由於從臺北出發時頗為倉促，居然忘了帶上我的登山用雨鞋，只好硬著頭皮以「穿拖鞋揹重裝」的方式上山，老天單單下一場雨，我將會寸步難行。

　　經過了三個小時汗流浹背的「龜爬」之後，我終於來到230林道的起點。入口被鐵柵欄封鎖住，我繞到一旁的小雪山資訊站小木屋遞交入山申請書，順便請求開門。負責接收申請書的是一位戴著黑框眼鏡、長得像日本卡通蠟筆小新的替代役男。當時他正在讀一

本英文單字小書，大概是「超強記憶5,000單字」之類的。我自從曠日費時地準備博士候選人資格的多益英文考之後，便發誓此生再也不碰任何一本英文單字本了，祝福蠟筆小新。不過，我也為了自己打破了他與山和英文單字，及作為新自由主義母國的美國語言之間的神交而感到有點不好意思。

收下申請書以後，宅男替代役看我一個人獨攀，分離時略帶靦腆地對我說了聲保重。我請他幫我開鐵門，替代役說不用，直接爬過鐵門就好。於是，再度扛著重裝的登山裝備朝向登山口。橫七豎八的背包固定帶讓我像市場裡手腳被草繩綁住的螃蟹。我一面渾身束縛地爬過一人高的柵欄，一面想，為什麼現在年輕人當兵可以當到大雪山森林遊樂區裡，而以前的我卻要登上破爛的軍艦，在鬱燠如沸水的左營外海浪費兩年的生命？

進入林道後，開始覺得自己的行為有點荒唐。一路上不斷捫心自問，既不是為了冒險，也不是為了生態調查，為何走上這條處處坍塌的林道，而且穿著拖鞋？我是不是仍在尋找父親？而這裡只不過是通往父親的眾多岔路之一，雖然他想必沒有走得像我這麼深──至少230林道他一定沒來過。

我千里迢迢回到了一個到處都有他的投影的地方，而我一輩子想要逃開的好像也是他。記得當兵退伍後第一次上班（也是此生唯一一次），有一天晚上我因工作而遲了回家，進家門後卻發現，抓狂的他已經將我的房間整個搗毀，像一隻暴怒的公象，母親則在一旁拭淚。當天晚上我就決定搬出去，從此以後，我們的關係又更進一步破碎了。

我並不恨他，只是想逃離他。但在他死後，我卻一直想回到東勢，似乎在拼湊一個從頭到尾都被壓抑的系譜。在這個系譜裡，缺

席的父親當然是軸心，周遭部署著林場、果樹與檳榔園，遠處延展著林道主線，以每隔十五公里的距離開出一條支線或聯絡線，深入山脈。當然還有空氣中的「農業」味道以及他自己蓋的那座西方膺品的度假小屋。而這一連串被壓抑的事物，它的系譜源頭──如果有的話，應該是某種可被稱為「愛」的東西。

空間有它極迷人的一面，有些地方即使不是你的出生地，卻可能在某些時候對它產生像出生地一樣的親暱感，就好像這個城市裡住滿你的親戚一樣。反過來說，即使是你真正的出生地，很多時候對你反而是陌生的。建構「親屬理論」（Kinship Mathematics，或稱「親屬數學」）的中研院民族學研究所所長劉斌雄曾經提及，空間裡充滿各種尚未被解構的DNA，足以成為親屬研究的重心項目。

1995年，退休後的劉斌雄曾經發表一個演講，題目叫「臺灣的田野是無盡的寶藏」。他終生研究親屬關係，認為親屬關係一方面是原始社會乃至於當代世界的發展基礎，一方面又受古生物學的「島嶼律」所影響：島嶼上的生物彼此結成一種團隊、一種階級關係，藉以對抗天敵。[2] 在講稿裡，劉斌雄特別給後輩學者一個忠告：「深入田野，體驗異文化。」他認為，臺灣島是一個民族學研究上「難得的大漁場」，必須好好珍惜。

雖然我覺得，「民族學的田野調查」仍是一件需小心看待的事，有時候田野者不免流露出高貴的氣息，有時候田野者在做的，其實反而扼殺了田野對象（例如，對原住民的音樂記譜採集，某方面扼殺了口傳樂曲的多樣性）。無論如何，來到230林道，除了要「看看」伐木後的生態景觀，更多的可能還是在一種親屬的空間關係裡探尋。

上：230林道旁的臺灣五葉松人造林，下：230林道的崩塌地

夜宿林道

　　一路下來，到了230林道的六公里處。在登山包的沉重拉扯下，本來就側彎的脊椎好像又更歪了一點，背部開始出現陣痛，體力也像電動玩具裡面的血棒一樣快要見底，加上天色逐漸灰暗，我決定提早找個平坦的空地紮營，度過高海拔山區的另一個夜晚。

　　離天黑還有兩個小時，搭完帳篷以後，山上唯一能忙的事情照例是「沒事」，沒事的結果就只能自己找事做。而在海拔2,400公尺的營地，唯一有意義的事就是趕快生火，準備度過寒凍的夜晚。由於好一陣子沒下雨了，印象中，臺灣高山從未像230林道如此乾燥，甚至連松蘿這類依賴霧氣為生的地衣體，也乾巴巴地貼在樹枝上。林道兩側「火燒適存植生」的松林，於是成了極佳燃料。松樹枝幹裡富含了油脂，常常是獵人生火的火種。因此，這次在230林道升的營火，不但不用擔心火點不起來，而且還要注意會不會因火勢太大而將森林給燒掉。

　　想起2009年12月前往能高—安東軍山縱走拍攝作品時，北半球正籠罩在急凍的風暴裡，「文森特」寒流席捲歐洲，華盛頓也出現罕見的暴風雪，亞熱帶的臺灣也籠罩在恐怖的酷寒之中。當晚，我在海拔三千公尺、漫天白雪的天池山莊上方紮營，氣溫大約零下四到五度。由於營地周遭的木材全都變成「冰棒」，經過六個小時的努力，火還是升不起來。能高—安東軍那夜簡直像地獄一樣，我錯誤地攜帶了一個只能在公園露營用的「三季帳」，良好的通風設計在冰寒的雪地裡簡直要命，連帳篷內的裝備都結冰了。整夜，我依偎在小小的瓦斯營燈旁取暖，擔心自己隨時會因失溫而死，於是度過了一個清醒而疲憊的夜晚。

現在，隨著野宿高山的經驗多了，我知道在極寒的夜裡，腳底板的保暖勝過一切，也學會晚上睡覺需要穿兩件褲子，如此身體溫暖的血液才比較容易流到腳底。我也學會了多帶幾個黑色大型的垃圾袋，萬一失溫的時候，身體可以整個塞入袋子裡，以求取一絲溫泉。此外，在山上取火也不只是為了取暖，火與生命是那麼靠近。原住民獵人在山上，根本沒在「露營」的，只要頭頂撐起一片藍白帆布，再升一把火，就可以度過寒夜。

早期泰雅族在游耕時，也會在新的耕地升火，好讓他人知道這塊地已經有了新的主人。他們也相信家裡的火是不能斷的，如果火熄滅了，便會發生不祥的事情。日殖初期的文獻還提到，原住民會經由摩擦檜木來取火，或以曬乾的芭蕉纖維和乾燥的motang（艾草葉）充當火種，再以燧石敲火。[3]

我確實是在一次次與火堆相處的漫長過程中，一點一滴回想起過去囫圇吞棗嚥下的書籍——世界、系統、知識……有時居然比不上一堆可以延續生命的火堆來得實用。

我想起被形容為「黑暗時代詩人」的萊納・里爾克，在他的代表作《致奧爾弗斯的十四行詩》裡，以近乎哀歌的口吻寫著：「那裡升起一棵樹。啊！純粹的超越！」那時候，第一次世界大戰剛結束不久，歐洲所有的樹在象徵意義上都倒了。無論戰勝國或者戰敗國，都試著透過工業化逐漸復甦，美國貨也像垃圾一樣倒進歐陸。他最吸引人的一句話或許是：「最終，庇護我們的，是我們的無保護性。」赤裸的無保護性，正像自然世界帶給我們的一樣。生命像夜空高懸的月亮，總有一個不斷規避我們的暗面。那個暗面是什麼？從詩人的角度來說，就是死亡：「死亡乃生命的一面，它規避我們，被我們所遮蔽」[4]。

266

上：230林道野營帳篷一景，下：高山深夜取火

230林道2017

人在死亡面前是絲毫未受到保護的，而必死無疑的宿命，反過來成為我們唯一的庇護所。現代的一切技藝，基本上是設計來讓人類忘記自己正邁向死亡的事實——通訊軟體分散了我們的注意力，早晨公園運動的人們則讓我們感到可以推遲死亡的太快到來。唯有烤火，讓你感到挫折。一個人在高山上烤火尤其如此。嚴格來說，你不會覺得自己活著，一生所學的技藝都變成廢物，你甚至比動物更為脆弱，而唯一比動物多出來的東西又是孤獨。

　　那天在230林道的夜晚，我什麼事也沒有辦法做，足足烤了八個小時的火。雖然230林道附近都是人造林，夜裡還是可以聽到許多動物的聲音。天空中，褐林鴞二短一長的「嗚嗚—嗚—」叫聲，好像巫婆一般召喚著巫術。地上，一隻灰灰圓圓的山階氏鼩鼱在火旁的枯葉堆裡窸窸窣窣跳來跳去。

　　這種近乎全盲的尖鼠，1932年是日人山階芳麿在太平山區發現的，屬於臺灣特有亞種。山階氏鼩鼱的長相實在太可愛了，拿來當新臺幣上的臺灣特有種動物圖案還滿合適的。還有帝雉，這種成雙成對出現的藍色美麗鳥類，據說日殖時期的研究者還曾將牠的活體運到歐洲進行研究。如今，大雪山的帝雉好像也剛剛從歐洲遊歷回來，出現在我身旁。

　　林道不僅有許多動物，還存在嚴重的盜獵問題。隔天離開時，就在距小雪山管制所七百公尺處，發現一間木屋寮，一旁散落著各種動物的遺骨。隨意拾起地上的鏟子，金屬鏟面還可以聞到濃濃的動物油羶味。

　　出了林道後，我向管制站那位蠟筆小新替代役舉報沿途所見的盜獵痕跡，並且秀出拍攝的照片。蠟筆小新反射性地拿起空白的筆記本認真記下，並且承諾會多加注意。

230林道所見盜獵獸骨

我想，以林務局單薄的人力來說，要抵擋組織化的盜採與盜獵，不啻杯水車薪，更何況是背著英文單字戴著黑框眼鏡的替代役。而且，根據農業經濟專家蕭清仁的研究，提高罰則與加強取締，短期內不一定能抑制山林盜獵的次數，因為山產的市場價格會因此提高，盜獵情形還是會發生。

　　若以1995年的山羌行情換算，一隻活體大約可以賣4,500元。[5]可能是因為近年來保育有成，山羌族群比以前多，價格微降至三、四千元，[6]若再加上皮毛與鹿角，整隻山羌的利潤還是可能達到八千元。

　　我也知道，許多山產店販賣保育類的山羊與山羌肉時，會出示合法養殖場的肉源證明。事實上，除了見一個報一個以外，我不知道還有什麼方法可以面對這些問題。再者，若打獵者是原住民，那麼也必須尊重他們的狩獵文化。這個時候，高日昌先生的原住民與政府「共管」山林的想法便再度浮現。

註釋

1. 高俊宏，〈科技的架座與作為少數的叛離者〉，CNEX主題紀錄片影展特刊，2016，頁25-27。
2. 劉斌雄，〈臺灣的田野是無盡的寶藏〉，中央研究院民族學研究所季刊第八十期，臺北：中央研究院，1995，頁19-26。
3. 佐山融吉，《蕃族調查報告書》，臺北：臺灣總督府，1913，頁159。
4. 馬丁・海德格（Martin Heidegger），〈詩人為何？〉，《林中路》，孫周興譯，臺北：時報，1994，頁279。
5. 蕭清仁，〈臺灣地區白鼻心、臺灣水鹿、環頸雉及山羌之市場供需調查與評估〉，行政院農委會補助研究計畫，1996，頁187。
6. 參考〈非法獵殺保育類動物12隻慘死槍下〉一文，http://www.appledaily.com.tw/realtimenews/article/new/20150509/607286/

老人2016

　　老人，如果是一部火車，我想他們一定會遲到。當他們逐漸走向生命的末端時，時間對他們而言愈來愈像一個反芻物；他們手上的持有物，是自己的喪失。但你不能因此說他們活在倒退裡。不是，老人依然在前進，只不過他前進的方式是倒退——就像中國文學繁複的花邊贅詞，終究不是用來思索時代的困境。如果說他們的腦中有一部潛在的文學機器，他們所寫的，一定是一部以反動修辭所構成的文章。

憂鬱物

　　2016年，我帶著帕金森氏症的母親，回到東勢的八公里山上。過去那棟日殖時期興建的簡陋工寮已經不見了，徒留屋後駁坎上的野生大龍眼樹，像殘存的記憶般挺立在大南坑山野，旁邊陪伴著一根嶄新的「八公里」路牌。更往上面一點，讓父親牽腸掛肚、在他死後據說友人還千真萬確看到他的幽靈回來巡視的那片果園，已經被某位臺中企業家接手，以最流行的生態工法改造為堂皇的精舍。

　　當初為了賣土地，我與哥哥帶著母親前往企業家位於臺中市的

企業總部談價格。企業家先前已經去看過山了，他計劃剷平父親所蓋的歐式度假小屋，也會把整座山的檳榔樹移除掉。他笑著說「為了環保嘛。」多年後，在國道三號由臺北往東勢的車上，我刻意讓話題圍繞著父親打轉，想從母親口中多知道一些八公里山上的事情。在帕金森氏症影響下，母親邊說、雙手邊不停抖動著：

　　恁老爸就是衰，如果當初買到一塊純水梨園或橘子園就算了，收成都會不錯，可是偏偏買到一塊「百果園」，有梅子、梨子、橘子、芭樂跟檳榔樹，這很難管理。八公里這片山一直賠錢，最後全面改種檳榔，但是又種錯種類，種到沒人要吃的紅心高山檳榔，一年只收成五萬元，剛好夠貼整年臺北東勢來回油錢。更糟糕的是有時候人在臺北，遇到收成季節的時候，附近山的鄰居會來偷割整座山的檳榔，我們當然知道是誰，可是又沒有證據你能怎麼樣……

　　父親之所以會從臺北跑到人生地不熟的東勢山上開墾果園，據說是為了逃離母親碎碎念，也為了脫離臺北那群酒肉朋友。那時候，東勢的豐水梨已經盛行一段時間了，他向母親借了一百多萬買下那塊果園，當時的果園已經有許多梨子樹和柑橘樹，梅子樹也佔了不少。豐水梨簡直可說是東勢的奇蹟，口感介於粗梨仔和細梨仔之間，香脆潤口。夏季盛產期間，父親會把多餘的梨子帶回臺北分享給家族，有的就像保齡球一樣大。

　　慢慢地，父親帶梨子回家的次數減少了，更多的時候是待在臺北接一些水泥工的工作。後來，大概是不敷成本，乾脆連梨子都不種了，花了一筆錢買來一堆不太有人吃的高山檳榔種（大顆的那種，市面上幾乎看不到）。雖然每年夏天檳榔花開時，八公里滿山飄著

清新典雅的花香，不過，父親大概更感到不太風光吧，從此極少上山、回到那間他親手蓋的歐式度假小屋。

　　母親說，父親在東勢買果園的錢當然沒有還她，期間還不斷向她調度資金，支援山上的開發。更糟的是，雖然父親離開了臺北的酒友，在東勢卻另外交了一批更會喝的。山上人家會喝酒是出了名的，這點我可以作證，每次一回東勢，照例都會被帶往不同的朋友家灌酒一番。母親說，父親就是這樣活活喝死的。母親的回憶雖然斷斷續續，甚至可說是支離破碎，不過我總覺得，那都圍繞著一個隱而不彰的核心，那就是——曾經多次對她施暴的父親。

　　車子從高速公路下到東勢，我依慣例把車窗打開，讓「農業」的味道灌進車裡。跟著母親的回憶，我覺得自己被她帶進一種很特別的時間情境裡。

　　如同蘇珊·宋塔格提到「憂鬱物」（melancholy objects）時所言：「攝影家不只是記錄過去的人，而且是發明過去的人。」母親透過層層疊疊的憂鬱物，在逐漸善忘的腦裡，慢慢累積，並且日復一日地發明過去。

　　母親從菜市場退休後，幾乎每天都會到公園涼亭，與一群年齡相仿的老人嬉鬧打罵。這群老人大概也沒什麼具體的人生計畫。他們唯一的計畫好像就是擺脫他們的一生，甚至有時候當你聽到他們講述自己的一生時，感覺都像是在說謊。是的，我認為他們用謊言與自己交易。

　　母親經常認為，罹患帕金森氏症就是得到一種絕症，我們常在這點上產生小小的爭議。生命中累積的層層憂鬱物，使得她的餘生好像沒有拓展的可能，唯有透過對父親暴力的種種自我醫治、重新詮釋暴力的各種痕跡，才可能有屬於她自己的未來的空間，一個殘

上：八公里工寮遺址，現僅剩一根「八公里」站牌佇立路邊。
下：八公里的果園

存的記憶領域。如同伍德堯及卡贊堅所言：

換句話說，憂鬱（症）是自我與哀悼作用的前提。正是自我對失落的憂鬱依附。可以說，不僅產生出精神生命（psychic life）與主體性，還產生出殘存領域（domain of remains）。亦即，憂鬱症創造了一個對意義開放的痕跡的區域（realm of traces），一個對失落殘存的詮釋領域（hermeneutic domain）。

精舍

過了不久，車子再次回到200林道的八公里老家，我問母親要不要上去走走，她羞赧地說不好意思。昔日工寮的位置已經成為一片乾漠般的水泥地。臺中企業家在上面擺了一輛油漆過的牛車，木架是大紅色的，木輪則漆成鮮藍色。旁邊，父親過去用來丟垃圾的駁坎上，豎立了一隻超大型的臺灣國寶藍腹鷴雕像，不注意的人可能還以為是大雪山森林遊樂區所設立的官方入口意象，或者東勢林管處的公共藝術。

山坡上方，過去父親那片產值不高的百果園，也改建為兼具綠能與環保，宛如二十一世紀標準答案的慈濟般高雅的精舍。屋前掛了一串雅緻的銅鍛風鈴。那棟歐式的水泥屋當然也拆除了，所有的檳榔樹也不知道去哪裡了，企業家將它們全部砍除，改種水土保持功能極佳的肖楠樹。

我們站在精舍下面，風中傳來一陣悠揚的誦經聲。我又問母親要不要上去看看，她還是說不好意思啦。就在一片的「善」所形成的訕笑裡，難堪的感覺像風一樣迎面而來，我的身體逐漸由銅鍛風

上：父親的八公里果園，後來被改為生態工法的精舍；下：15公里處往出雲山苗圃

鈴、肖楠、環保落水磚所搭建的這片樂園所遮蔽，迷失在昔日那片兩甲大、一直種不出什麼而被後世羞辱的百果園山野裡。那些父親在這裡度過的田園生活、粗獷的果園勞動、圍繞著酒友以及酒神的夜晚……，那些被認為是廢人在過的生活，假如其中還有百分之一超脫今日生命的可能性，也全部隨之覆蓋掉了。

這些年下來，大南坑山野多了不少精舍與休閒度假園地，慢慢改變了原本滿山遍野果園的地貌，新的經濟模式正在形成。是否因此也讓我們愈來愈像某種末世論者？在那隻大型藍腹鷴雕像的注視下，我們好像莫名其妙成了罪人。我們過去在山上果園的那些勞動，那些扛著尿素、雞屎走在土路上的日子，在雅緻的銅鍛風鈴前，突然都變成了瑣碎無比之物。

面對著精舍，我不禁想起十多年前的某個下午，在八公里幫忙將一箱箱甫摘下的梨子套袋時，山區忽然下起一陣午後雷雨，偌大的雨滴如萬斤碎石般敲擊在屋頂的鐵皮上。工寮裡一片昏沉，山腳下的石角溪轟隆隆地發出怒吼。雨中，我慌張地跑到馬路對面的茅坑上廁所，心中無端哼著平克佛洛伊德（Pink Floyd）的 "If"，歌曲伴隨著巴哈一般的鋼琴旋律唱道：「如果我是一部火車，我一定會誤點；如果我是一個好人，我一定更常和你說話……」那應該是1998年的某個下午，雨滴衝擊柏油馬路激生了負離子，空氣中混雜著柏油的新鮮味。對那股氣味的回憶，將我捲入更早以前另一個當兵放假的夜晚。

那次，C與後來成為怪物的S與我，一起開著一臺租來的紅色愛快羅密歐，從臺北殺往南投集集找C的女朋友。闖越十幾個紅綠燈、雨後沁涼的臺十六線、晃動的夜、玩命的青春與抽不完的菸……，我們在省道狂飆的車上，循環聽著平克佛洛伊德長達二十三分鐘的

"Atom Heart Mother"。年輕的恍惚日子裡，坐在愛快羅密歐裡的我，正襟危坐地懷抱著超過一百種前衛藝術的夢，等等。這些破碎的畫面，最終都在高雅精舍下方、這片照例在公家單位發包商以偷工減料的水泥鋪設的地基——也就是八公里的遺址前，一點一滴地離散掉。

　　站在八公里工寮的遺址上，必須經過很大的努力，才能從水泥地刺眼的白光裡，發明我們的過去。母親倒像是十分釋懷，她說父親的百果園能夠賣給這戶人家，變成這麼漂亮的靈修場所，也該欣慰了。離開八公里後，我們又去了昔日大雪山林業公司製材廠的儲水池。在1973年林場結束營運之後，東勢人都會翻牆進來這裡偷釣大頭鰱。921地震為山城帶來巨大的死傷，偌大的製材廠也開放出來，成為臨時難民收容所。大雪山林場牽動著東勢小鎮的興衰，天災巨變時又變成臨時的停屍場，我想，東勢人對林場應該有一種難以割捨的感覺。

　　多年的荒廢之後，如今製材廠被改為「東勢國際木雕暨林業文化園區」，成為大型的歷史休閒場所。園區戶外的「雕塑展區」佇立了許多巨型漂流木的木雕，其中一件名為《傳承》，利用一棵大型肖楠木雕刻出祖父教導孫子森林知識的畫面；另一個是南非藝術家賈克·希伯罕的《新開始》，將一棵大型的紅檜木雕刻成一隻巨鷹。

　　因為學習當代藝術的背景，讓我很容易就想批評這些傳統形式的巨大雕塑，及其偏向保守的表現手法。然而，再想想，這不過就是人類與風倒巨樹之間單純的感情交流，也無所謂前衛不前衛。

　　倒是一旁的母親，繼續叨叨絮絮回憶著921時，眼前儲水池旁的空地，屍體堆成一堆。當時東勢兩座對外橋梁都斷了，石崗大壩

整個爆開來，臺三線路面突然隆起一個大土丘，而她則在睡夢中從床上滾了下來。那天晚上，東勢市場與舊街整個都垮了，包括那條有著奇怪名稱、從文化街拐進去的鯉魚巷也毀了。

她回憶得很慢，邊嚼檳榔邊講，我則緩緩地聽，因為我知道她逐漸萎縮的腦正在重新改編一部遺忘已久的電影，一個失落殘存的詮釋領域。

盛行雲霧帶

後來，我帶老人繼續前往200林道上的出雲山苗圃。要到出雲山必須從林道十五公里的育才巷右轉而下，下切之後，是一片淨土，無人、靜謐。我們穿越一片繁密如電影《臥虎藏龍》場景般的孟宗竹林，空氣中浮盪著中海拔森林的鬱悶與冷濕。日光從竹葉交疊的孔隙間錯落而下，映得路面微微發亮。

知道老人餘生不多，即使這樣的日子只有一天，我也分外珍惜。她的餘生，將不會有約伯式的覺醒，或救贖的幻象。在阿茲海默症或早或遲、終將來臨的陰影下，她的來日籠罩在一片不明的陰影中。

這時，通往出雲山苗圃的路上忽然起霧。由於這裡的海拔高度約一千公尺，已經接近臺灣的盛行雲霧帶，霧中的林間開始稀落出現殼斗科的青剛櫟。以前對殼斗科植物的印象，是米老鼠與唐老鴨卡通裡面那兩隻賤賤的花栗鼠，唧唧喳喳，每天吃堅果；後來對「美國帝國主義」反感了，連帶地也不喜歡花栗鼠及殼斗科植物。直到有一次聽到荒野協會的徐仁修說，富含蛋白質的青剛櫟是飛鼠、臺灣黑熊的重要糧食來源，這才稍稍改變印象。

我開始這麼想著，如果有一天共軍渡海解放臺灣，至少我們可

以組織一支游擊隊撤退到中央山脈的盛行雲霧帶裡，靠著青剛櫟補充蛋白質，繼續和解放軍作戰。

對雲霧帶的另一個印象，是大學時在臺視文化打工當剪接師時，每逢週六、日，都必須整天待在八德路過CNN的新聞帶。那時候我找到一本陳玉峰編著的《臺灣植被誌（第一卷）：總論及植被帶概論》，在無聊的過帶期間，除了到幽閉的樓梯間抽白長壽以外，就是翻閱這本詳盡介紹臺灣高山植被的書。後來，山與盛行雲霧帶，便成為我對臺灣遙遠而外在的想像。據說在冰河時期，它還是許多生命的避難所。

不久，我們到了出雲山苗圃。這裡宛如世外桃源。1997年，我就到過這片山野，並拍了一張黑白照片。那天的景象，確實也像世外桃源一般，山野間長滿樹木的幼苗，遠方冉冉升起一股炊煙，畫面如同一場淨白的喪禮。我應該是被這股莫名的景象所牽引，忍不住按下FM2相機的機械快門。此後，出雲山苗圃的那張照片，似乎總是散發著一股潔淨的清香。如今重回現場，十多年來除了苗圃的樹木長得更高以外，這一帶幾乎沒有改變。

老人說，她對苗圃已經沒什麼印象了。奇怪的是，對出雲山的周邊，她卻似乎瞭如指掌，譬如：十五公里大棟派出所附近有哪些民宿、誰住在十三公里、哪個女人又總是從七‧五公里去找你老爸喝酒、酒友阿峰在哪裡賣檳榔、李叔叔住在東勢製材廠旁邊哪間透天厝……

出雲山苗圃廣大的山野，如南投的蓀海林場一般浩瀚，兩者都是被戰後黨國資本主義掃蕩過的森林。不過，關於這些體制的問題，母親都沒有興趣。她忍受體制、她的生命完全在體制裡面，努力讓自己在貧困中有尊嚴地活著。這就是我所感受到的，存在於島嶼的

上：出雲山苗圃，2016；下：出雲山，1997

老人2016

另一種力量，或許這也是我一再入山的原因。

雖然我看過整座山林被摧毀的樣子，如眠腦的檜木廢墟；看過地理科學測量用的三角點，如何林立在每一座山頭；調查過北臺灣的日本隘勇線，知道山林裡的生命怎麼被踐踏……即使經歷了這些，山還是包容了一切，樟樹幼苗又悄悄地在砍伐殆盡的低海拔山裡重生。自然的力量絕非僅存在於「毀滅與重生」的敘事裡。在自然裡，有太多我們不知道的故事，但我們卻愈來愈沒有能力深入發掘這些故事了。

我羨慕像瓦歷斯・諾幹這樣在山裡長大的作家，從他細密的文字裡可以感受到，自然大地的一切與他的生命如此貼近，而文字與故事又如此自然地從森林裡流露出來。就像打開家裡食物豐滿的冰箱。他為林克孝的《找路》寫的序言，這樣說著：

我們圍著篝火，山安靜起來，樹叢打開耳朵，泥土濕潤妥貼，火光就要撐開神祕時光甬道，這時老人安坐上位，一些語言的精靈流洩了出來，然後，我們準備好了，把馳騁在山林的疲累的心，調整為放鬆的河流，我們「準備好聽故事」，於是，故事最迷人的地方，緩緩啟動……[1]

母親，我們都老了，以至於我們要重返，重返那些充滿了故事，但如今是一片荒阺的地方。這一系列的山林橫斷記也在此暫告一個段落，整整兩年的時間，在四十不惑的年紀卻帶著對於歷史的狐疑，穿越了大豹、眠腦、龜崙及大雪，目睹這些山野如何被踐踏，自然萬物又怎麼展現頑強又溫柔的生命力。而這樣的行程勢將持續，那時候，故事也將在鬱鬱森林的深處流洩出來。

註釋

1. 瓦歷斯·諾幹，〈升起的故事〉，收錄於林克孝，《找路：月光、沙韻、Klesan》，臺北：遠流，2010，頁8。

國家圖書館出版品預行編目(CIP)資料

橫斷記：臺灣山林戰爭、帝國與影像 / 高俊宏著. -- 初版. -- 新北市：遠足文化, 民106.10
　　面；　公分. -- (影像.見聞 ; 2)
ISBN 978-986-95479-0-1(平裝)

1.臺灣史 2.日據時期

733.28　　　　　　　　　　　　　　　　　　　　　　　　　　　　　　　　　　106016660

遠足文化　　　　　讀者回函

本書獲  國|藝|會 出版補助

見聞‧影像 visits & images 02

橫斷記：臺灣山林戰爭、帝國與影像

作者‧高俊宏｜責任編輯‧龍傑娣｜協力編輯‧林文珮｜封面設計‧林宜賢｜校對‧楊俶儀｜
排版‧菩薩蠻電腦科技有限公司｜出版‧遠足文化事業股份有限公司 第二編輯部｜社長‧郭重
興｜總編輯‧龍傑娣｜發行人兼出版總監‧曾大福｜發行‧遠足文化事業股份有限公司｜電
話‧02-22181417｜傳真‧02-86672116｜客服專線‧0800-221-029｜E-Mail‧service@sinobooks.com.
tw｜官方網站‧http://www.bookrep.com.tw｜法律顧問‧華洋國際專利商標事務所蘇文生律師｜
印刷‧凱林彩印有限公司｜初版‧2017年10月｜初版5刷‧2020年9月｜定價‧400元｜
ISBN‧978-986-95479-0-1｜